国家社科基金
重大项目成果

对外汉语教学语法丛书

◎**总主编** 齐沪扬

"能"与"会"

胡建锋 ◎**主编** ｜ 贾成南 彭利贞 ◎**著**

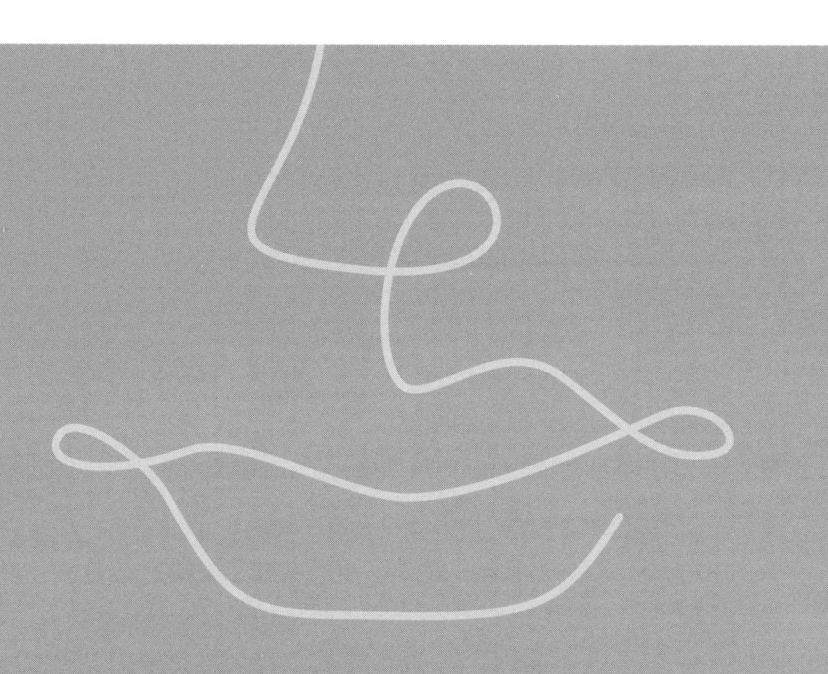

北京语言大学出版社
BEIJING LANGUAGE AND CULTURE
UNIVERSITY PRESS

© 2024 北京语言大学出版社，社图号 24035

图书在版编目（CIP）数据

"能"与"会" / 胡建锋主编；贾成南，彭利贞著
. —— 北京 ：北京语言大学出版社， 2024.5
（对外汉语教学语法丛书 / 齐沪扬总主编）
ISBN 978-7-5619-6533-7

Ⅰ．①能… Ⅱ．①胡… ②贾… ③彭… Ⅲ．①汉语－
助动词－对外汉语教学－教学研究 Ⅳ．①H195.3

中国国家版本馆 CIP 数据核字（2024）第 097665 号

"能" 与 "会"
"NENG" YU "HUI"

排版制作：北京光大印艺文化发展有限公司
责任印制：周 燚

出版发行：北京语言大学出版社
社　　址：北京市海淀区学院路 15 号，100083
网　　址：www.blcup.com
电子信箱：service@blcup.com
电　　话：编 辑 部　8610-82303647/3592/3395
　　　　　　国内发行　8610-82303650/3591/3648
　　　　　　海外发行　8610-82303365/3080/3668
　　　　　　北语书店　8610-82303653
　　　　　　网购咨询　8610-82303908
印　　刷：北京联兴盛业印刷股份有限公司

版　　次：2024 年 5 月第 1 版　　　印　　次：2024 年 5 月第 1 次印刷
开　　本：787 毫米 × 1092 毫米　1/16　印　　张：15.75
字　　数：271 千字
定　　价：82.00 元

PRINTED IN CHINA

总　序

摆在读者面前的，是国家社科基金重大项目"对外汉语教学语法大纲研制和教学参考语法书系（多卷本）"（17ZDA307）的所有成果。这些成果包括大纲系列4册、书系系列26册、综述系列8册，以及选取研究过程中发表的一部分优秀学术论文集辑而成的论文集1册，共计39本著作，约700万字。这个项目的研制，历时5年有余，参加的研究人员多达50余人，来自国内和海外近30所高校。

2017年11月，全国哲学社会科学工作办公室正式公布"2017年度国家社科基金重大项目立项通知书"。2018年4月14日，国家社科基金重大项目"对外汉语教学语法大纲研制和教学参考语法书系（多卷本）"的开题报告会举行。2019年8月，2017年度国家社科基金重大项目中期检查评估报告提交，2023年1月召开课题结项鉴定会。

根据专家组意见，特别是专家组组长赵金铭教授两次谈话的意见，按照全国哲学社会科学工作办公室立项通知书上的要求，本项研究牢固树立问题意识、创新意识和精品意识，立足学术前沿，体现有限目标，突出研究重点，注重研究方法，符合学术规范。项目的执行情况、所解决的问题和最终成果如下：

大纲、书系和综述是主要的研究成果。三类不同的成果面对的读者是不一样的：大纲是给教师教学与科研使用的，同时也顾及学习汉语、研究汉语的一些国际学生；书系主要是给在一线教学的对外汉语教师看的，以解决这些教师在教学过程中的实际问题为目的；综述是对大纲和书系的补充，主要面向对外汉语教师、汉语国际教育专业研究生和本科生,以及需要进一步了解、研究相关领域的群体,为这些人继续研究相关问题提供材料和方法。三种不同的读者群体决定了三类成果的不同写法。

1. 大纲研制

大纲研制的最终成果是两套大纲:分级大纲(初级大纲和中级大纲)和分类大纲(书面语大纲和口语大纲),共4册。语法大纲不局限于语法知识本身,而是以学习者语言能力的培养为目标。凡是能促进学习者语言能力的语法项目都应析出为大纲的项目。语法项目的编排依据的是语法形式,使用条件式来描述细目的功能。使用条件式有利于促进语法知识转化为语言能力。

分级大纲中语法项目的等级不宜简单理解为语言本身的难度区分,更应理解为习得过程性的内在要求。以促进学习者生成语言能力为目标,支持学习者语言能力生成的语法项目都应列目,项目编排以语法结构为基础,细目的描写以促进语言能力生成为重。大纲体现习得的过程性,总体上为螺旋形呈现。

目前对外汉语教学和科研依据的都是通用语体的语法大纲,至今尚没有分语体的大纲问世,这种状况显然与发展迅速的第二语言教学事业不相适应。书面语语法大纲和口语语法大纲的研制,填补了大纲研究的空白,在今后的教学指导、教材编撰、汉语水平测试等方面,都能发挥很大的作用。

2. 书系研发

我们在全国范围内分三批次遴选和推荐了撰稿人,这些撰稿人都有长期从事对外汉语教学的经历,且都是语法专业背景出身。从目前情况看,学术界和教学界都需要这一类书,这套书也具有填补空白的作用。而且,这套书是开放性的,条件成熟了可以再继续做下去,达到30本到50本的规模,甚至再多一些都是可能的。

书系的研发应以"语法项目"作为书名,不求体系完整,成熟一本撰写一本;专业性不能太强,要考虑到书系的读者需求,他们阅读这本书是为了解决教学上的问题，除了必要的理论阐述和说明之外，要尽量早一点儿切入到教学中去；提出的问题要切合教学实际，60～80个问题，其实就是这本书的目录，有人来查，很快就能对症下药，找到自己想要的东西；提的问题要有针对性，要有实用性，针对学生的水平等级，围绕这个语法项目，把教学上可能遇到的问题按等级排序。总之，这是一套深入浅出的普及性小册子，一定会受到广大对外汉语教师的欢迎。

3. 综述编著

按照标书要求，阶段性成果包括两套综述汇编。编著这两套综述汇编，首先是项目研制的需要，是和大纲研制、书系研发互相支撑、互相配合的；其次是近20年的综述汇编，学术界和出版界均尚无相关成果问世，很多研究者迫切需要这方面的资料；最后是这套综述汇编的写法与其他综述成果不同，两套综述不仅仅是"资料汇编"，里面更有很多作者的评议和引导，是"编著"类的"综述"，这类"综述"其实是不多的。这样的写法比目前在做的或者已经出版的"综述"要科学得多，实用得多。

综述分为两套：《近20年对外汉语语法教学研究》和《近20年汉语作为第二语言语法习得研究》。综述的主要读者应该是研究者，是关心该领域的研究者，作者收集的材料要尽可能齐全，作者所做的分析要有依据，作者做出的解释要能让研究者信服。两套综述都能做到对相关问题做出梳理，述评结合，突出评价的学术性、原创性和实用性，力图使读者对相关论题有一个全面的认识和深刻的思考，并为进一步的研究提供方向。

对上述这些成果的介绍只能点到为止，事实上，具体到每一本著述，都是有必要重点介绍的。好在每套书都另有主编，请读者自行阅读每套书的主编写的"序"吧。我这里还想向读者介绍的是这些著述的作者们，没有他们，这些成果难以问世。

本项课题涉及面广，研究人员多，在最初填写招标书时我们已经意识到了："本项研究工程浩大，……大纲和书系非一校之力可完成，将集中全国不同高校共同承担。"本课题前后参加研究的人员有 50 多人，分布在国内及海外近 30 所高校。如何将这些研究人员组织起来，集思广益，凝神聚力？课题组在"集全国高校之力"上，下了大力气。

原先设想由某个高校具体负责某块项目研究，但该想法在实际操作中遇到了问题。开题报告会后，课题组调整后的组织方式体现出优势来。四个研发小组的组长取代了原来子课题负责人的职位和功能，优势体现在：他们面对的是具体的项目，而不是具体的研究人员；他们针对项目选取研究人员，而不是为已有的研究人员配备研究内容；他们可以从全国高校选择自己相中的研究人员，而无须采取先满足校内再满足校外的程序和方式。人尽其才，物尽其用，效率提高，质量保证，自然是意料之中的结果。例如，书系组的 20 多位作者来自 15 所高校，综述组的作者来自 12 所高校。这是第一个方面。

第二个方面，就是充分利用会议的机会，将会议定位于有目标的会议、有任务的会议，让会议开出成效来。自课题立项之后，围绕着课题的研究进展，课题组已经开过多次会议。一是一年一度的"教学语法学术讨论会"，课题组所有人员都参加，至今已经开过多届：淮北（2017）、扬州（2018）、南宁（2019）、黄山（2020），等等。二是一年多次的课题专项讨论会，有需要就开。如在杭州，就分别开过综述组、数据平台组、书系组的专项讨论会；在南京、上海都开过大纲组的专项讨论会；2020 年 7 月，在腾讯会议上开过两次大纲组的专项讨论会；等等。这些会议目标明确，交流便捷，解决问题能力强，时间跨度短，是联络不同高校研究人员的好方式。

这套书的所有主编和作者都十分尽力。对外汉语教师的工作量很大，大多数人都有每周 10 节以上的课时量；况且，大多数人的手上还有自己的科研项目要做，还有自己指导的研究生的论文要看，还有各自的不同研究论文要写。种种忙碌和辛苦之中，要挤出这么多时间和精力，去从事另外一块研究任务，还是高标准、有要求、无报酬的研究任务，如果没有一种对对外汉语教师这个职业的由衷热爱，没有一种为对外汉语教学事业做点儿贡献的精神支撑，他们是断然不可能接受这样的研究任务的。更何况有些作者接受了两项不同的研究任务，研究强度和研究压力可想而知。因此可以这么说，这些成果渗透着作者们的辛劳，饱含着作者们的心血，每一本都是"呕心之作"，这样的赞誉是得当的。

北京语言大学出版社是这个项目的合作者和推动者。项目立项不久，出版社和课题组就有过接触。出版社前后两任社长和总编辑都向课题组表过态，希望这个课题的所有成果能在北京语言大学出版社出版，出版社愿意为课题的宣传、推广、出版尽责任，做贡献。2020 年 1 月，课题组和出版社有过进一步的密切联系，敲定了详细的合作计划。2022 年 3 月，出版社申报的"对外汉语教学语法丛书"成功入选 2022 年度国家出版基金资助项目。这些成果的出版，没有出版社的支持是做不到的。

再次感谢在漫长的研究过程中给予我们支持、帮助的所有老师和朋友。

对于这套教学参考语法书系，这里想重点介绍下这套书系的编撰特点和编撰原则。编撰特点可以归纳为以下四点："设计理念要接受多元的语言学理论指导""编撰方针是两种语法分析方法的结合""结构框架要考虑本体研究和教学研究的需要""问题设计要以'碎片化'语法为主"。关于这四点的具体阐述就不再展开了，事实上读者通过这四点已经可以大致了解这套书系的编撰理念了。入选的 26 本专著选取了不同的语法项目作为书名，面对不同的主题，每本书都会在不同层面、不同角度、不同对象上反映出这套书系的整体面貌和阐述形式，以及结构框架和问题设计，值得一读。

这套教学参考语法书系两个必须遵守的编撰原则是普及性和实践性。普及性原则体现在要做到对读者进行语法知识的普及。语法知识普及要考虑两个方面的问题：一是理论知识的普及，二是语法术语的普及。书系的编写还要遵守实践性的原则，这个原则体现在三个方面：一是面向教学实践，二是面向教师群体，三是面向教学语法。这套书系不以学术高度与理论深度为目标，而以是否能够解决实际问题为标准。出版这样的系列丛书尚属首次，相信普及性原则和实践性原则会使这套书系更接地气，更受欢迎。

教学参考语法书系研发是和汉语教学语法大纲研制平行的、互相支撑的一项研究，书系是以大纲为参照编写的，作为本体研究和教学研究的重要工具书，是对大纲的深化和阐述。书系书目的确定，编写方式的确定，以至于作者队伍的确定,都尽量做到和大纲的研制同质同步。当然,由于书系服务的目标人群和大纲不完全一样,作者会更多地关注语法教学的实效性,对具体问题的一些处理,可能会有与大纲不同的地方,这一点也是需要说明的。

谨以此作为总序。

齐沪扬

初稿于 2020 年 7 月

二稿于 2022 年 5 月

三稿于 2022 年 12 月

序

　　本专辑包括《助词"了"》《助词"着"》《"能"与"会"》《语气词》和《语篇的衔接与连贯》五本著作，是齐沪扬教授主编的对外汉语教学语法丛书书系系列六大专辑之第三辑。

　　之所以把这几本专著放在一个专辑里，主要是因为它们有几个共同点：第一，在研究内容上都是相对封闭的。《助词"了"》《助词"着"》和《"能"与"会"》都是写一个词或一组词的，而《语气词》的研究对象也是有限的；至于《语篇的衔接与连贯》，是语篇研究中的一个重要部分，研究的是衔接手段、衔接成分，和前面几本一样，在研究内容上也是相对封闭的。第二，"了""着""能""会"和语气词，以及小句之间的衔接方式，在教学和学习过程中出现频次都很高。第三，这些形式在使用时涉及多层面的因素，有多种意义，用法具有多样性。第四，"了""着""能""会"和语气词等的用法或表达的意义都与语境密切相关，只有在语境中才能全面、准确地了解。

　　近年来，越来越多的学者认识到，语言教学的范围不仅包括语法、词汇层面的内容，还包括语用、语篇等相关内容，不仅要让二语学习者学会，更要让他们用好。与之相关的，对于一个词或者语法点应该讲授哪些内容，在传统的关于句法、语义研究的基础上，学者们也开始关注语用和语篇的相关内容。从研究内容上看，本辑的专著，除了尽可能解决传统的句法和语义问题外，还着力解决在中介语语料库中体现得很突出的语用和语篇问题。有些语篇，即使在词汇、句法等方面都没有问题，看起来仍然不地道，主要就是在语篇的衔接和连贯方面出现了问题；再如信息配置方面的问题，信息的类别从不同视角可以分为已知信息与新信息、前景信息与背景信息、预期信息与非预期信息等，而在不同的语言中，不同信息类别进入语篇的方式可能存在差异，学习者习得汉语时难免会出现各种问题，这与具体语言形式相关，如"着""了"等时体标记就与前景/背景信息配置密切相关；还有语言的主观性方面的问题，进入语篇的语言不仅传递客观信息，而且传递主观信息，不同语言中，表达主观性的手段不尽相同，汉语情态词、语气词都与主观性表达密切相关。

本辑的专著不仅关注研究对象自身的用法，更关注与之相关的词语或句式之间的系统性，比如关于"能"和"会"的研究，不仅基于情态义分析它们的句法特征等，还关注它们与其他语法范畴的联系与制约关系。在研究中，注意不同层级的用法差异，关注高层级对下一个层级的制约等，比如助词"了""着"等，特别关注其在不同句式中的用法，从高层面研究它们的具体用法。研究的内容从句法、语义到语用、语篇，全面覆盖教学可能涉及的知识点，比如关于语气词的研究，不仅说明不同语气词的话语分布特点、话语功能，还关注常见偏误，以及具体的教学问题等；关于语篇衔接的手段，不仅关注显性衔接，还关注隐性衔接，研究的内容都非常全面。这几本专著都着力解决二语习得过程中的一些常见偏误和教学中的常见问题，相关的内容具有直接的应用价值，问题的设置都具有针对性。

同时，每一本专著又有着自己的特色。《助词"了"》对于如何处理具体问题视角十分明晰，从"性质与功能""联系与区别""连用与共现""偏误与原因""教学与实践"等角度处理相关问题，秉持从简从易的原则，比如把词尾"了"和句末"了"作为同一个体标记在不同位置上的分布来处理，将复杂的问题简单化，具有操作性，全书"以简约为求"。《助词"着"》从绝对时间和相对时间视角出发考察了"着"的用法，还从动词或动词词组的类别、数量词组、外部事件参照等角度进行探讨，并结合时间副词、相关结构和句式等，对相关用法进行全方位的研究，突显了"着"的时间性特征对其功能的影响，全书"以时间为线"。《"能"与"会"》以语义为着眼点，基于"能"和"会"的情态义分析它们的句法特征及其与其他语法范畴的联系与制约关系等，在此基础上，分析、解释和应用"能"和"会"，考察细致入微，对各种用法以及使用的条件都有详细的描写，全书"以分布为纲"。《语气词》基于该类词的多样性、动态性和细微性的特点，将汉语抽象、空灵的语气词用法置于具体的用法中讲解，选取日常口语中两个常用语气词"呀""吧"做详细介绍，另选取若干常用语气词做典型功能及用法介绍，使得语气功能易于理解，语气差异具体可感，全书"以用法为引"。《语篇的衔接与连贯》围绕语篇衔接与连贯这个核心，考察了影响语篇衔接与连贯的具体因素，比较了一些衔接方式对语篇组构产生的影响等，从二语习得中的偏误出发，基于已有的相关成果，针对具体的衔接对象，进行相关衔接方式的选择性研究，全书"以组构为要"。

以上五本专著基于教学和学习，选择不同的研究视角，或者考察了相关的知识，或者介绍了相关的方法，对可能出现的问题做出内容取舍。我们相信，这些对本专辑目标知识点或者相关知识点的研究成果，无论对教学还是对学习，都具有直接的参考价值，必将有助于提升教师相关语法知识的教学水平。

胡建锋

2022 年 5 月

目　录

第二部分　习得篇 / 153

一、汉外对比 / 153

二、偏误分析 / 170

引　言

　　齐沪扬教授主持的国家社科基金重大项目"对外汉语教学语法大纲研制和教学参考语法书系（多卷本）"（17ZDA307）主要有两个研究目标：研制对外汉语教学语法大纲和编写系列教学参考语法书系。这两项研究成果不仅可以完善现有的对外汉语教学语法体系，还将直接服务于对外汉语教学。书系的呈现形式是"一点一书"，即一个知识点编写一本对外汉语教学语法参考书。本书《"能"与"会"》是该书系中的一本。

一、研究现状

（一）"能"与"会"本体相关研究

　　《马氏文通》将"能"这类字称为"助动字"（马建忠，1983：183），之后这种字（词）又被叫作"助动词"（章士钊，1907；黎锦熙，1955；丁声树，1961；吕叔湘，1979；朱德熙，1982/1999）、"能愿词"（肃父，1954）、"能愿动词"[①]（李华峰，1956；李庚钧，1979；刘月华等，2001；黄郁纯，1999；崔希亮，2003；郭昭军，2003）、"能词"（高名凯，1957）、"衡词"（陈望道，1978；陈光磊，1981）、"情态动词"（Tsang，1981；许和平，1991；王伟，2000；谢佳玲，

[①] 《暂拟汉语教学语法系统》（1956）称"助动词"为"能愿动词"。薛国富（1989：46）指出，叫能愿动词是从这类词的意义而言，叫助动词是从这类词的功能而言，有能愿意义的词，功能相同，而功能相同的词不一定都是表示能愿意义的，前者范围小，后者范围大。换言之，能愿动词是助动词的一部分，因此，这两个概念并不矛盾。

2002；宋永圭，2004；彭利贞，2007）、"情态助动词"（Tiee，1986）或"情态词语"（陶炼，2002）。

同类词用了不同的名称，一方面可以看出学者们对其的不同认识，另一方面也说明了这类词的复杂性。许和平（1991：538）认为助动词的说法不合适，因为汉语情态动词除了用于动词前，还可以单说或用在句尾；此外，"了""着""过"等真正起助动作用的词语反而不能加入其中。他还指出，能愿动词这个名称也不合适，因为这类词还可以表示主观意义的"认知"和"道义"。而情态动词这个名称，既能够准确地概括表示"客观情况"的能愿动词（情），又能包容表示"主观态度""主观意见"的主观性情态动词（态），能较准确地反映汉语情态动词的本质特征。我们也认为这样的说法比较合适，本书在谈及这类词时也使用"情态动词"这一术语。

现代汉语情态动词"能"和"会"的意义在词典、专著和论文中都有相应的释义和分析。"能"和"会"是典型的情态动词，也是典型的多义情态动词。关于"能"的义项数量，各家观点不同，有六种的（吕叔湘，1999；刘月华等，2001；王伟，2000）、四种的（傅雨贤、周小兵，1991；郑天刚，2002）和三种的（张志公，1958；丁声树，1961；朱德熙，1982/1999；黄郁纯，1999；宋永圭，2004；彭利贞，2007）。而"会"的义项数主要集中在两种（丁声树，1961；汤廷池，1976；赵元任，1979；鲁晓琨，2004）和三种（张志公，1958；吕叔湘，1999；刘月华等，2001；黄郁纯，1999；彭利贞，2007）上。本书将"能"和"会"的语义划分是否便于教学作为首要考虑因素并在正文相关问题中进行讨论。

情态动词"能"和"会"的句法特征（吕叔湘，1999；刘月华等，2001；宋永圭，2004）、与其他语法范畴的限制关系（彭利贞，2007；张寒冰，2015；林刘巍，2016；张瑛泽，2017；赵志强、李泉，2020）、与其他情态动词的连用（马庆株，1988；彭利贞，2007）以及两者语义、句法之间的对比（周小兵，1989；吕叔湘，1999；刘月华等，2001）等研究得到了很多学者的关注。这些本体语法研究深化了对"能"和"会"的认识，但将这类研究应用到课堂教学尤其是汉语作为第二语言教学的成果则较少。本书将尝试以问答的形式系统地梳理这些"能"和"会"的研究成果，并试图用这些成果分析和解释教学过程中的实际问题。

（二）"能"与"会"的习得及其教学研究

"能"与"会"的习得及其教学研究的成果也比较丰富，主要集中在专著、学位论文和语法教学参考书上，内容主要涉及"能"和/或"会"与其他语言中所对应的情态表达形式的对比研究（张洪岩，2001；徐美玲，2010；尹智铉，2012；肖慧，2012；孔德媛，2013；王勇，2013；杨珊，2014；朴玟贞，2016）、偏误研究（佟慧君，1986；程美珍，1997；李亚娟，2009；樊谊军，2012；白云，2014；肖奚强等，2015；张冉，2019）、习得顺序[①]研究（王舜真，2009；杨晓健，2014；孙华秋，2017；郭诗艺，2019；熊文，2020）、教学设计及建议研究（徐子亮、吴仁甫，2005；陆庆和，2006；潘霄驰，2014）、教学策略研究（杨珊，2014；张凌波，2016；闫伟娜，2016）等。

就研究内容来说，这些研究基本上涵盖了汉外对比、偏误分析、习得及教学等研究主题，其中有关"能"和/或"会"的偏误研究数量最多，主要以针对不同国别的偏误研究或针对某一种语言的偏误研究为主，而习得顺序的相关研究则相对较少。此外，本体研究中有不少研究成果并没有应用到教学或偏误分析上，本书希望可以将本体研究和习得研究的相关成果融入"能"和"会"的教学实践中去。

（三）教学及 HSK 大纲中的"能"与"会"

《对外汉语教学初级阶段教学大纲》[②]《高等学校外国留学生汉语教学大纲（长期进修）》[③]《汉语水平等级标准与语法等级大纲》[④]和《国际中文教育中文水平等级标准（国家标准应用解读本）》（第三分册）[⑤]都将情态动词"能"与"会"

[①] 肖奚强（2009：5）认为，习得顺序指的是第二语言学习者对某一语法项目掌握的先后顺序。
[②] 杨寄洲（1999），北京语言文化大学出版社，第19页。
[③] 国家对外汉语教学领导小组办公室（2002），北京语言大学出版社，第149页。该大纲的"初等阶段语法项目（一）"中的"助动词"除列出"能"和"会"之外，还明确要求"比较：'能''会'和'可以'"。
[④] 国家对外汉语教学领导小组办公室汉语水平考试部（1996），高等教育出版社，第36页。
[⑤] 教育部中外语言交流合作中心（2021），北京语言大学出版社，第3页。

列为初级阶段或水平（1级或甲级）必须掌握的语法项目。《新汉语水平考试大纲 HSK（一级）》^①规定这个阶段需要掌握的两个助动词是"会"和"能"，并给出下面的例句：

（1）我会做饭。

（2）你什么时候能来？

教学大纲、HSK 考试大纲和中文水平等级标准都将"能"和"会"划为初级水平必须掌握的语法点。从这些大纲划分的等级来看，"能"和"会"似乎是较容易掌握的，但从教学实践和相关的偏误研究来看，不同国别和不同水平的留学生都常会用错这两个词。比如例句（2），初、中、高水平的留学生不少都辨别不出这句话中的"能"可能会有[可能][许可]和[能力]三种意思。

总之，虽然留学生在初级阶段就接触到了"能"和"会"的用法，但由于其本身的多义性和复杂性，学生的实际掌握情况往往是不理想的，我们有必要系统地梳理这两个词的用法，并构建起针对二语学习者的相关知识框架。

二、编写思路与知识框架

作为面向对外汉语教学的研究课题，我们将根据情态动词"能"和"会"的特性以及二语习得的规律，从编写原则、编写内容和教学知识框架与篇目安排三个方面来说明本书的基本编写思路。

（一）编写原则

鉴于对外汉语教学参考语法的特殊性，本书将"能"和"会"知识的系统性、与其他语法范畴的关联性、满足不同学科背景汉语教师需求的普及性以及便于二语教学实践的应用性作为本书编写的基本原则。

1. 系统性

"能"和"会"的用法、它们之间的区别与联系及其偏误都有一定的规律，也是成系统的。本书在设计问题时参照了它们固有的体系，每个问题虽然看起来

---

① 国家汉办/孔子学院总部（2009），商务印书馆，第3-32页。该大纲规定 HSK（一级）考试主要面向按每周2-3课时的进度学习汉语一个学期（半学年），掌握150个最常用词语和相关语法知识的考生。

是独立的，但整体上却是成系统的。这样编排可以让一个个散落的知识点联系更加紧密：于内容，便于分析和解释；于读者，则便于理解。

2. 关联性

其他情态动词或语法范畴与"能"或"会"之间既有关联，也相互制约，所以在讨论问题时不可避免地会涉及其他情态动词或语法项目。为了使问题可以解释清楚，本书在编排时会适当加入相关的概念、知识和语法范畴。

3. 普及性

虽然本书会借鉴大量有关"能"和"会"的本体研究成果，但考虑到对外汉语教师学科背景的多样性以及学习者或科研者的可接受度，本书的知识体系及其讲解会尽可能编排得通俗易懂，从而惠及更多的读者。本书整个知识框架的编排，既具有普遍适用性，又有科学研究的严谨性。

4. 应用性

本书的落脚点是指向汉语作为第二语言教学实践的，因此有关"能"和"会"的整个知识体系需具有较强的应用性。汉语教师对于这两个词的应用不仅要知其然，而且要知其所以然。希望通过本书，我们可以帮助教师在教学中做到深入浅出地分析和讲解与这两个词相关的方方面面。

（二）编写内容

本书系的编写原则是一个知识点编写一本书，而知识点的相关内容则分散在本书的几十个问题当中。在编写这些问题时，我们也尽可能使这些散落的点成系统，整体展现出"形散神不散"的特征。有关"能"和"会"的知识是自成体系的，本书将分为本体篇、习得篇和教学篇依次展示给读者。

本体篇介绍了"能"和"会"语义与句法方面的特点、制约它们情态义解读的因素、它们之间的区别与联系、它们与"可以""要"的区别和联系、它们与其他情态动词的连用情况以及与程度副词和否定副词的互动关系等。本部分以语义为着眼点，基于"能"和"会"的情态义，分析它们的句法特征、与其他语法范畴的联系与制约关系等。这部分是本书整个知识框架的基础部分，也是核心部分。习得篇和教学篇的知识体系是建立在本体篇的基础之上的，在分析、解释和应用"能"和"会"时，也都是以本体篇的知识为基点的。

习得篇主要包括"能"和"会"的汉外对比、偏误分析和习得顺序研究。二语习得中汉语与学习者母语的对比分析尤为重要，有些偏误可能最直接的原因就是受到母语的负迁移。本部分首先介绍"能"和"会"与其他语言中用法近似的情态表达方式的对比分析；接下来是与"能"和"会"有关的偏误分析，主要包括语义偏误分析、句法偏误分析和语用偏误分析；最后介绍"能"和"会"的习得顺序。本部分从对比到偏误分析再到习得顺序，较为系统地展现了有关"能"和"会"的习得研究，为汉语作为第二语言的教学提供了坚实的理论基础和丰富的教学材料。

教学篇是前面两个部分的最终体现，主要包括"能"和"会"的讲解、教学设计、教学方法和策略等内容。本部分将有关本体和习得研究的成果充分应用到对外汉语教学中，切实服务于课堂实践，力图做到使教师好教、学生易学。

（三）教学知识框架与篇目安排

根据"能"和"会"的知识体系以及编写原则，我们将从本体、习得和教学三个方面来展示其面向对外汉语教学的知识框架。本书共有 67 个问题，具体篇目安排见表 1：

表 1　本书的篇目安排

篇目	内容	问题示例
本体篇	汉语情态动词的语义、句法特点	汉语情态动词有几种语义类型？
	"能"的语义、句法特点	"能"有哪几种语义？
	"会"的语义、句法特点	"会"与了$_2$、否定范畴同现时可以表达哪些情态义？
	"能"和"会"的异同	"不能不"和"不会不"一样吗？
	"能／会"与其他情态动词的连用	"能"的前面可以有其他情态动词吗？
	"能／会"与其他情态动词的异同	"能"与"可以"什么时候不能互换？

续表

篇目	内容		问题示例
习得篇	汉外对比		"能"和"会"在泰语中是如何表示的？
	偏误分析	语义偏误	为什么不可以说"流感能传染，所以要戴口罩"？
		语用偏误	为什么不可以说"请你把你的词典借我用用，能吗"？
		句法偏误	为什么不可以说"没做完作业你不能走了"？
	习得顺序		"能"和"会"情态义项的习得顺序是怎样的？
教学篇	分级排序		怎样分阶段讲解情态动词"能"？
	教学设计		怎样设计和安排"能"的课堂活动和练习？
	教学方法		"能"和"会"的教学方法和策略有哪些？

三、"对外汉语教学语法大纲"与本书的关系

如果说本项目里的"对外汉语教学语法大纲"（以下简称"大纲"）是"菜单"[①]，那么"教学参考语法书系"就是这个"菜单"下的"子菜单"。"菜单"告诉读者有哪些语法点，并对这些语法点进行简要说明，而"子菜单"则是对这些语法点的深入剖析、解释以及拓展。

"大纲"分为《对外汉语教学语法初级大纲》（以下简称"初级大纲"）和《对外汉语教学语法中级大纲》（以下简称"中级大纲"）。汉语情态研究起步稍晚，所以本书的相关语法点作为单列的语法条目有些出现在"初级大纲"里，而"中级大纲"并没有涉及。本书的问题63和问题64对"能"和"会"的相关语法点也进行了分级排序。总体而言，本书基本涵盖了"初级大纲"中"能"和"会"所涉及的语法点，还包括了"大纲"之外的一些语法点。

---

① 本项目中的《对外汉语教学语法初级大纲》在其"前言"里指出，语法教学大纲选取的项目是具体课程语法教学设计的可选"菜单"，它们是汉语学习者形成汉语交际能力的基本项目，不求系统，但求"管用"。

"初级大纲"认为情态动词[①]"能"主要有"期望某事实现并具备了实现的客观条件""善于做某事""有某种作用"以及"被允许做某事"几种语义，其中"能"的前三种语义分别对应本书"能"的动力情态义中的[条件][能力]和[用途]，而第四种语义则对应本书"能"的道义情态[许可]。相较于"初级大纲"，本书增加了"能"的认识情态[可能]。除此之外，本书还增加了"能"与其他情态动词的连用、对比及其习得顺序等内容。

情态动词"会"在"初级大纲"里主要有"知道怎么做某事""精通一件事情"以及"相信某事将出现"几种语义，其中前两种语义对应本书"会"的动力情态[能力]，第三种语义对应本书"会"的认识情态[盖然]。

总的来说，"初级大纲"中"能"和"会"的形式、意义、用法基本上在本书中都有所体现。此外，本书还涵盖了"大纲"中未涉及的一些相关语法点。从这点来说，本书是对"大纲"的进一步解析和补充。

四、语料来源与体例

（一）语料来源

本书的语料主要来自专著、论文、词典、语料库、自拟例句等。由于体例的原因，未能逐一标注，故在此说明如下：

1. 论著

本书里的很多例句源自前辈时贤的论文和专著，尤其是语法书。例如朱德熙（1982/1999），佟慧君（1986），周小兵（1989），许和平（1993），吕叔湘（1999），渡边丽玲（2000a），渡边丽玲（2000b），刘月华等（2001），彭小川等（2004），陆庆和（2006），彭利贞（2007），黄伯荣、廖序东（2011），彭利贞（2019）等。

2. 各类词典

本书有些例句来自现代汉语词典、英汉词典、英语词典等。例如：《牛津高

---

① "大纲"将情态动词称为"能愿动词"。

阶英汉双解词典》(第四版)、《朗文当代英语词典》、《柯林斯高阶英汉双解学习词典》、《现代汉语词典》(第7版)等。

3. 语料库

本书中本族人语料主要来自于 CCL 语料库[①]、BCC 语料库[②]以及自建语料库[③]。有的偏误语料来自北京语言大学 HSK 动态作文语料库[④]。

4. 自拟例句

除了上述三种来源,本书中还有少量自拟的例句。

(二)体例说明

为行文方便,本文使用了一些特殊符号,举例说明如下:

1. "[]"表示具有某种语义。例如:"[可能]"表示具有"可能"义。

2. "+"表示成分的连接,或者表示具有某种特征。例如:"V + 着₁"表示"动词后加'着₁'","[+自主]"表示具有"自主"的特征。

3. "-"表示不具有某种特征。例如:"[-自主]"表示不具有"自主"的特征。

4. "/"表示并列可选关系,意思是"或者"。例如:"能 / 会"表示"能"或者"会"。

5. "|"表示词语或例句的间隔。例如:"'会'可以做动词(见面 | 熟习 | 通晓等)",这里的"见面 | 熟习 | 通晓"的意思是动词"会"可以表示"见面""熟习""通晓"等;"去了没有? | 看见没有?"这里的"|"是用来间隔例句的。

6. ">"表示"先于"的意思。例如:"认识情态 > 道义情态 > 动力情态"表示认识请态先于道义情态,而道义情态先于动力情态。

7. "着重号"表示句中所重点讲解的部分。例如:"很多人终其一生也没能找

---

① 北京大学汉语语言学研究中心 CCL 语料库:http://ccl.pku.edu.cn。该语料库为本书提供了相关语料,在此深表感谢。

② 北京语言大学语料库中心 BCC 语料库:http://bcc.blcu.edu.cn/。该语料库为本书提供了语料,在此深表感谢。

③ 这个约 7000 万字的现代汉语语料库主要有王朔等作家的作品。

④ 网址:http://hsk.blcu.edu.cn/。该语料库为本书的撰写提供了相关语料,在此深表感谢。

到。"句中"没能"下面的着重号表示即将讲解"没能"的用法。

8."*"表示后面的句子不合语法，是错句。例如："* 有问题你能来找我。""*"表示该句是个错句。

9."¬"表示否定。例如："不应该能：¬ [盖然]>[能力]"中的"¬"表示否定义的"不"。

五、结语

多义情态动词"能"和"会"一直以来都备受学界关注，与其相关的研究成果很多。但从问题出发，重新梳理"能"和"会"的本体研究并针对二语教学重新架构相关的知识体系的研究成果却并不多。基于此，本书将系统性、关联性、普及性及应用性作为编写的基本原则。在此原则的基础上，我们从本体、习得和教学三个方面搭建了"能"和"会"的知识框架。"能"和"会"一直都是语言学界的研究热点，而本体研究中的一些成果要想完全运用到教学实践中，还有一个转化的过程，所以难免会有疏漏。但我们还是希望本书能对汉语情态的研究和教学有所帮助。

第一部分 本体篇

一、汉语情态动词的语义、句法特点

1.汉语情态动词有几种语义类型?

情态动词是现代汉语典型的情态表达形式。那么,什么是情态①?现代汉语情态动词有哪些语义类型?

一、情态

Perkins(1983:4)指出,研究情态简直就像试图挤进一间拥挤不堪的屋子,须当心,别踩着别人。情态源于哲学范畴。亚里士多德提出的模态算子"可能"和"必然"以及 Von Wright 有关认识模态和道义模态的分类为模态逻辑和语言学的情态研究提供了理论基础。

很多语言学流派如传统语法、系统功能语法等都探讨过情态问题,而情态是一个涉及语义学、句法学和语用学的范畴。Lyons(1977:787-849)指出,情态是言者主观态度和观点的语法表达形式或那些具有主观性特征的语句,是非事实性(non-factuality)的。汤廷池、汤志真(1997:175-197)指出,情态是说话者对于句子"命题内容"的"观点"或"心态",包括对于命题"真伪"(alethic)、"认知"(epistemic)、"愿望"(boulomaic)、"义务"(deontic)、"评价"(evaluative)、"可能性"(possibility)、"盖然性"(probability)、"必然性"(necessity)

---

① 情态即 modality,也译作模态。

等的判断，也就是说情态主要包括可能性与必然性概念、说话人的观点与态度、命题的限制成分。

情态的表达形式主要有情态助动词、半助动词、形容词、助词、情态名词、情态副词等（Perkins，1983）。汉语的情态表达形式包括情态语气词、情态副词、情态动词和情态形容词（汤廷池、汤志真，1997）。虽然中外学者对于情态表达形式的种类划分千差万别，但情态动词却受到了最多的关注。因为一方面情态动词是情态最主要的载体；另一方面情态动词是一个表达情态的封闭的功能类，它们表达了可以形成一个自然的语义类的语义，并具有相同的句法特征。

二、情态动词的语义类型

英语等语言的情态动词的语义主要有动力情态（dynamic modality）、道义情态（deontic modality）和认识情态（epistemic modality）（Palmer，2001：22）。动力情态和道义情态也被称作根情态，即非认识情态（non-epistemic）（Coates，1983）。现代汉语情态动词也可以分为这三种情态语义类型。

第一种，动力情态，指人或事物使句子表达的事件成真的致能条件，它涉及能力、意愿、勇气等概念。"能、会、要、肯、愿意、可以、想、敢"等，都能表达动力情态。

第二种，道义情态，表达说话人对事件成真的可能性与必然性的观点或态度，涉及许可与必要等概念。现代汉语表示道义情态的情态动词主要有"能、可以、要、应该、得（děi）、必须"等。

第三种，认识情态，指说话人对命题为真的可能性与必然性的看法或态度；或者说，它表达说话人对一个情境出现的可能性的判断；或者说是说话人的心理状态，也就是言者对有关情境的事实性信念的确定性。情态动词"会、能、可能、应该、肯定、一定、准、得（děi）"等都能表示认识情态。

此外，情态动词具有多义性的特征。在不同的语境下，情态动词会有不同的语义解读。表1-1是彭利贞（2007：160）根据情态动词的语义特征及其相应的语用特征归纳出的现代汉语情态动词的情态语义系统。

表 1-1　　现代汉语情态动词的情态语义系统

情态	语义	语用及用词	语义	语用及用词	语义	语用及用词
认识情态	[必然]	[推定] 必然、肯定$_2$、一定$_2$、准$_3$、得（děi）、要$_3$ [假定] 要$_4$	[盖然]	[推断] 会$_3$、应该$_2$（应当、应该、当）	[可能]	[推测] 可能、能$_3$（能够）
道义情态	[必要]	[命令] 必须、得（děi）$_1$ [保证] 肯定$_1$、一定$_1$、准$_2$	[义务]	[指令] 应该$_1$、要$_2$ [承诺] 会$_2$	[许可]	[允许] 能$_2$、可以$_3$、准$_1$、许 [允诺] 可以$_2$
动力情态	[能力]（无障碍）可以$_1$		[能力]（恒定）会$_1$		[能力]能$_1$	
	[意愿]（强）要$_1$		[意愿]（被动）肯		[意愿]（一般）想、愿意	
	[勇气]敢					

三、小结

情态是言者主观态度和观点的语法表达形式或那些具有主观性特征的语句，是非事实性的（Lyons，1977：787-849）。情态动词是情态最主要的表达形式。现代汉语情态动词可以表达动力情态、道义情态和认识情态三种情态语义类型。

2.汉语情态动词有哪些句法特点？

Lyons（1977：787-849）指出，情态是言者主观态度和观点的语法表达形式或那些具有主观性特征的语句，是非事实性的。情态动词是一个具有情态属性的封闭的功能类，它的内部成员具有"动词—情态动词—副词"连续统一体的特性（彭利贞，2007：108）。

情态动词可以单独回答问题，还总是与动词或者形容词短语一起使用（梁式中，1960：214）。朱德熙（1982/1999：61）也指出，情态动词的宾语只能是动词或者形容词。基于此，本书里情态动词的基本句法格式主要是"情态动词＋动词／形容词（短语）"。

很多学者都讨论过现代汉语情态动词的句法特征，彭利贞（2007：92-93）就已有的研究总结出了十个提得较多的特征，它们是：

① 能单独做谓语[①]。

② 可以单独回答问题。

③ 可以单说。

④ 可以放在"X 不 X"的格式里形成正反问句。

⑤ 可以用"不"否定，有的可以用"没"否定。

⑥ 有的能用"很"修饰。

⑦ 只能带谓词宾语，不能带体词宾语。

⑧ 可以连用。

⑨ 不能重叠。

⑩ 不能带后缀"了""着""过"等体标记。

彭利贞（2007：97）还指出，现代汉语情态动词存在替补（suppletive）否定形式，例如"肯定"表认识情态[必然]的否定形式是"不会"或"不可能"，而不是"不肯定"；"必须"表道义[必要]的否定形式是"不可以"，而不是"不必须"。他还进一步指出，所有现代汉语情态动词都不可以重叠，也不可以带"了""着""过"等体标记；其他能够有效鉴别情态动词的参数有"是否存在替补否定形式""情态动词的多义性特征""表达情态""情态是本质属性"等。

简而言之，现代汉语情态动词的基本句法形式是"情态动词＋动词／形容词（短语）"。情态动词不能重叠，也不能带"了""着""过"等体标记。

---

① 彭利贞（2007：92）结合梁式中（1960）和 Li、Thompson（1981）的观点指出，情态动词除回答问题或在特定语境中之外，不能单独做谓语。

二、"能"的语义、句法特点

3."能"有哪几种语义？

现代汉语情态动词有单义的和多义的。情态动词"能"是典型的多义情态动词之一①，可以表达动力情态[能力]、道义情态[许可]和认识情态[可能]三种情态。

一、动力情态

现代汉语情态动词"能"的动力情态[能力]主要有[能力][条件]和[用途]三个义项，其中[能力]包括"有能力做某事"和"善于做某事"（彭利贞，2007：148-149）。

（一）"能"的[能力]义

1.有能力做某事。例如：

（1）等丈夫的脚步迈到走廊，她就能分辨出他的情绪如何。

（2）女人安安静静地养了一个月。她已经能做一点儿轻微的工作了。

（3）能办到吗？

（4）大概我也能教书。

情态动词"能"在例（1）～（4）中分别指"她"有"分辨丈夫情绪"的能力，"她"有"做一点儿轻微的工作"的能力，听话人有"办到"的能力，"我"有"教书"的能力。这里的"能"指的都是"有能力做某事"。

2.善于做某事。例如：

（5）父母都是医生，耳濡目染，她也很能操纵一些医学术语了。

---

① 彭利贞（2007：161）指出，现代汉语典型的多义情态动词有"要、会、应该、能"。

（6）我注意着她的手，手指又细又长，像是能弹很好的钢琴。

（7）孟良是那么友爱，那么乐于助人，他最能体贴人，了解人。

（8）要是我动不了啦，不能走，不能笑，只能吃喝睡，你给我吃安眠药……

例（5）～（8）中的情态动词"能"分别表示擅长"操纵一些医学术语""弹很好的钢琴""体贴人，了解人"和"吃喝睡"。

（二）"能"的 [条件] 义

情态动词"能"可以表达具备做某事的 [条件]，即"有条件做某事"（吕叔湘，1999：414；彭利贞，2007：149），也是一种 [能力]。例如：

（9）这么个破茶馆，能用女招待吗？

（10）因为缺教员，暂时还不能开课。

（11）在亮光里，从她的后背，能看到前面的肋骨。

（12）孩子要走出很远，才能到牧区的小学读书。

情态动词"能"在例（9）～（12）中分别指这样的破茶馆没有用女招待的条件，缺教员使得没有条件开课，看到前面的肋骨的条件是"在亮光里，从她的后背看"，孩子到牧区的小学读书所需要的条件是走很远的路。

（三）"能"的 [用途] 义

"能"还可以表示某物有某种用途，即某物具有这样的 [能力]（吕叔湘，1999：414；彭利贞，2007：149）。例如：

（13）兰高雅而名贵，居然还能制成药。

（14）原子笔是为英国皇家空军特制的，能在水底下写字。

（15）橘子皮还能做药。

（16）大蒜能杀菌。

例（13）～（16）中的"能"分别指兰有药的用途，原子笔的用途是在水底下写字，橘子皮有药的用途，大蒜有杀菌的用途。

二、道义情态

"能"的道义情态 [许可] 是指诸如基于个人权威的"情理上的许可"和基于社会规范的"环境上的许可"（吕叔湘，1999：415；彭利贞，2007：150）。不过，"能"的这两种 [许可] 有时却不一定泾渭分明。例如"你不能在这儿抽烟"，这里的"不能"可以是情理上的禁止，也可以是环境上的禁止。所以，将这两种 [许可] 义合并，也是有根据的（彭利贞，2007：150）。例如：

（17）别的房间不许动，只能糊厨房。

（18）我能走了吗？

（19）这是我最喜爱的服装，怎么能说像旧社会？

（20）不能让这种现象继续下去了，决不能。

情态动词"能"在上面的例句中都表示 [许可]。例（17）表达的是别的房间是不允许随便动的，允许动的地方只有厨房。例（18）中的言者在征求"走"的 [许可]。例（19）用反问的形式表达否定义，即不允许"说像旧社会"。例（20）中"不能"的意思是"禁止"，即不允许"这种现象继续下去"。

三、认识情态

"能"的认识情态 [可能] 指的是"有可能"（吕叔湘，1999：415；彭利贞，2007：152），即言者对某事的一种主观推测。例如：

（21）我还能有什么事？

（22）那能是什么呢？

（23）我还能吃了你？

（24）这件事他能不知道吗？

上面这四句中的"能"表达的都是"有可能"。副词"还"在例（21）和例（23）中都表示反问语气，表达的是说话人对听话人推测的"有什么事"和"吃了你"的否定，即"我不可能有事"和"我不可能吃了你"。例（22）是指说话者对"是什么"的推测，即那可能是什么。例（24）是反问句，说话人推测他是知道这件事的。

四、小结

现代汉语情态动词"能"有动力情态 [能力]、道义情态 [许可] 和认识情态 [可能] 三种情态义，其中动力情态 [能力] 义有 [能力][条件] 和 [用途] 三种意义，而 [能力] 义还包括"有能力做某事"和"善于做某事"两种语义。

4.表示 [能力] 的"能"与具有情状特征的动态动词/构式①、体同现时有哪些规则?

情态动词"能"是现代汉语典型的多义情态动词之一。多义情态动词"能"与具有情状特征的动态动词 / 构式、体等同现时，都可以表达动力情态 [能力]。

一、与动态动词/构式同现

情状指的是语言中动词表达的状态和方式（戴耀晶，1997：9）。动词主要有静态、活动、完结、达成四种情状（Vendler，1967）。具有不同情状特征的动词或构式与情态成分同现时，对多义情态动词的情态解读具有决定性作用。戴耀晶（1997：13）对现代汉语动词进行了情状的分层、分类，并制成了现代汉语动词分类表（见表4-1）。

表 4-1　现代汉语动词分类表

第一层	第二层	第三层	动词
静态	属性、关系		是、姓、等于、标志着
	心理感觉		知道、相信、抱歉、怕
静态兼动态	姿势		站、坐、躺、蹲、住
	位置		戴、拿、挂、吊

---

① "构式（construction）"是指不可推测的但却已固化的形式语义匹配的组合形式（Goldberg，1996：33）。

第一层	第二层	第三层	动词
动态	动作	瞬间	踢、砍、碰、咳嗽
		持续	看、吃、想、洗澡
	结果	瞬间	死、爆炸、醒、见
		持续	变好、长大、走进

　　按"动态"与否，第一层分为静态动词和动态动词，还有一类兼有静态和动态性质的动词。静态动词一般不能带"了""着"等形态标记；动作动词带"了"表示动作不再持续，是某种活动状态的实现（戴耀晶，1997：13-14）。

　　第二层中静态动词可分为表示属性、关系和表示心理感觉两类。表示属性、关系的为纯静态，表示心理感觉的有弱的动态（少量动词能带"了"）（戴耀晶，1997：13-14）。动态动词可以分为两类，一类是表示动作的，其特点是动词只单纯表示某种动态，并不反映动态带来的结果；另一类是表示结果的，表结果的动词通常不带"着"，原因在于动词的结果义已经呈现，其动态也就不必用持续体来表达（戴耀晶，1997：13-14）。兼有静态和动态性质的动词分为姿势动词和位置动词，姿势动词的静态性较强而动态性较弱，而位置动词静态性较弱而动态性较强，其语义既有动作义也有位置义（戴耀晶，1997：13-14）。

　　第三层按"持续"与否，动作动词可以分为瞬间动作动词和持续动作动词，瞬间动作动词表示该动作不能持续，它只占据一个瞬间点，持续动作动词其动作本身可以占据一个时段；结果动词可以分为瞬间结果动词和持续结果动词，瞬间结果动词表示该结果是瞬间达到的，而且结果不能持续，持续结果动词表示该结果是经过一个持续过程达到的，结果自然也不能持续（戴耀晶，1997：15）。

　　彭利贞（2007：174）主要参照戴耀晶（1997）对动词和句子进行的情状分类，重点考察了多义情态动词与不同情状类型动词同现时情态语义的表现。多义情态动词"能"可以与动态动词或动态构式同现，而"能"的语义表达也因此受到一定的影响。

（一）与动态动词同现

动态动词可以分为结果动词和动作动词（戴耀晶，1997：15），而情态动词"能"与这类动词同现时，可以表达动力情态。

1. 与结果动词同现

多义情态动词"能"跟结果动词同现时，可以表达动力情态 [能力] 义。例如：

（1）难道现在就没什么能打动你的？

（2）嗯，大概只能猜出一半。

（3）能办到吗？

上面这些例句中的"能"表达的都是动力情态 [能力]，而"打动""猜出"和"办到"都是结果动词，这几句分别表示"什么有能力打动你""大概只有猜出一半的能力"和"有没有能力办到"。

2. 与动作动词同现

典型的动作动词与情态动词"能"同现时，在没有别的因素的影响之下，可以表达动力情态 [能力]。例如：

（4）我怎么就只能演英俊小生？

（5）我只能跳我们最熟的慢四。

（6）——您能不能教教我？

　　　——能教！

在例（4）～（6）中，"能"与动作动词"演""跳"和"教"同现时，都表示动力情态 [能力] 义，分别表示"我怎么就只有演英俊小生的能力""我只有跳我们最熟的慢四的能力"和"有能力教"。

（二）与动态构式同现

构式也可以表达情状，它可以分为静态构式和动态构式。多义情态动词"能"与动态构式中的形式动词构式和"把"字构式同现时，都可以表达动力情态。

1. 与形式动词构式同现

由形式动词"进行、加以、给以、予以"组成的构式可以表达动态情状，跟这类构式同现时，多义情态动词"能"可以表达动力情态 [能力]。例如：

（7）对方承认装置不能进行工业化生产。

（8）明智的人不仅能在祸患未发时加以防止，并能举一反三……

（9）他不停地回头看自己的教练阿伦，企盼能给以提示。

（10）朋友希望我能给予他一些实际的帮助。

（11）这些漏洒掉的粮食造成的浪费，要靠农业重新生产出来的粮食才能予以弥补。

上面这些例句中的情态动词"能"与形式动词构式同现时，都表示动力情态 [能力] 义，分别表示"有条件（即有能力）进行工业化生产""有能力在祸患未发时加以防止""有能力给以提示""有能力给予他一些实际的帮助""有能力予以弥补"。

2. 与"把"字构式同现

"把"字构式也具有动态情状特征。情态动词"能"与其同现时可以表达动力情态 [能力] 义。例如：

（12）看一眼就能把病因病史说出来。

（13）月亮就无助地被关在外面，只能把窗帘的中央照得雪亮。

"能"在例（12）（13）中与"把"字构式同现时表示动力情态 [能力] 义，义为"有能力把病因病史说出来"和"只有把窗帘的中央照得雪亮的能力"。

二、与体标记同现

体是观察时间进程中事件构成的方式（戴耀晶，1997：5）。它属于语法范畴，其意义属于句子，反映了句子所表达的事件构成，观察角度不同会表现出不同的体，可以使用不同的形式来表示（戴耀晶，1997：29-31）。现代汉语里表示体意义的形态形式主要有两大类六小类，见表 4-2（戴耀晶，1997）。

表4-2　体系统

分类	简称	形式	表达的内容
完整体[1]	现实体[2]	V+了₁	现实的完整事件,包括追忆的现实和拟想的现实
	经历体	V+过	经验历程上的完整事件
	短时体	动词重叠	短时的完整事件,这种形式特意强调了事件的时量因素
非完整体	持续体	V+着[3]	事件在持续之中
	起始体	V+起来	事件起始并将持续
	继续体	V+下去	事件到达某中间点后还将继续持续

多义情态动词"能"与体系统中的完整体和非完整体同现时,都可以表达动力情态。

(一)与完整体同现

情态动词"能"与完整体中的短时体(动词重叠)同现时,可以表达动力情态[能力]义。例如:

(14)那么还有谁能跟她说说呢?

(15)并没有多大的病,只要能休息休息,吃口儿好东西,我就会好起来的!

(16)要是她能这么说一说多好,可是她偏不。

---

① 戴耀晶(1997:33-34)指出,一个事件的构成有起始、持续(中间)、终结等。完整体揭示的是事件的整体性质(entirety),而非完整体提示的是事件的局部性质(section)。他认为,从语用的角度看,完整体具有较强的表述(declarative)倾向,非完整体具有较强的描述(descriptive)倾向。前者重在陈说一个事件整体,后者重在刻画事件的某一部分。他还指出,完整体具有完全(completive)和完成(accomplished)的性质,完全隐含可分解的组合,完整则排斥任何意义上的分解。一般来说,完全的事件也是完整的事件,但完整的事件则未必都是完全的事件。

② "了₁"是现实体标记,一般是指放在动词后面的"了"。而"了₂"是指在句尾位置的"了"(有部分句尾"了"也是现实体标记),表示出现了某种变化。

③ 戴耀晶(1997:88-89)根据事件的存在方式把持续体分为静态持续体和动态持续体。彭利贞(2007:238)将戴耀晶(1997:89)所指的表示静态持续(其特征是事件内部结构的无变化)的"着"标记为"着₁",而动态持续体标记"着"则标为"着₂"。

上面例句中的"能"与短时体"说说""休息休息"和"说一说"同现时，表达的都是动力情态 [能力]，分别表示"有跟她说的能力""有条件^① 休息"和"有这么说的能力"。其中例（14）为疑问句，而例（15）和例（16）均为条件句。

（二）与非完整体同现

与非完整体中的动态持续体"着₂"、起始体"起来"和继续体"下去"同现时，情态动词"能"都可以表达动力情态 [能力]。

1. 与动态持续体同现

彭利贞（2007：279）认为，情态动词"能"在与动态持续体"着₂"同现时，可以表达动力情态 [能力] 义，表示主语有让事件或状态持续的能力。例如：

（17）祥子是这样的一个人：在新的环境里还能保持着旧的习惯。

（18）周仁无言以对，只能默默地抽着烟。

（19）只有我能守着他。

例（17）～（19）中的多义情态动词"能"都表达 [能力] 义。彭利贞（2007：280）指出，这几例中的"保持着""抽着"和"守着"表达的都是动态持续事件，而"能"是指有 [能力] 使句子表达的事件或状态持续。

2. 与起始体同现

多义情态动词"能"与起始体"起来"同现时，如果主要谓词是"自主动词"^②，则可以表达动力情态 [能力]。例如：

（20）刚能挣扎着立起来，他想出去看看。

（21）当年，但凡他能爬起来，他都会去把翠花接回来呀。

（22）他现在已经过了格外怕被人说酸的年龄，酸就酸点吧，能酸起来也说明自己不老。

（23）可尽管大家竭力凑趣，聚会仍没能热闹起来。

---

① [条件]也是一种[能力]。

② 马庆株（1992：13-46）指出，自主动词是指有意识的或有心的动作行为，也就是动作的发出者能自由做主的动作。

上面例句中的情态动词“能”都表达动力情态 [能力]，而主要谓词“立”“爬”“酸”“热闹”都具有 [+ 自主] 的特征。其中例（20）和例（21）中的“起来”是趋向动词，而例（22）和例（23）中的“起来”是起始体标记。

3. 与继续体同现

与继续体标记“下去”同现时，多义情态动词“能”可以表达动力情态 [能力]。例如：

（24）想想看，一个光秃秃的鸟儿，它怎么能生活下去？

（25）你坚持得很不错了，我相信你能继续下去，可我们的速度太慢了。

（26）你能瞒我一天半天，还能永远瞒下去吗？

（27）他的嗓子里噎了几下，不能说下去。

（28）但凡还能混下去，我决不加这塞儿。

这些例句中的情态动词“能”与“下去”同现时都可以表达动力情态 [能力]，其中例（25）和例（28）中的“能”是肯定形式，例（27）中的“不能”是否定形式，例（24）和例（26）都是反问句形式。彭利贞（2007：259）指出，这几句中的主要动词都具有 [+ 动态][+ 自主] 等特征，而这些语义特征与 [能力] 有着天然的融洽性。

三、小结

多义情态动词“能”与动态动词 / 构式、体同现时，都可以表达动力情态 [能力] 义。可以与表 [能力] 的“能”同现的动态动词有结果动词和动作动词，动态构式主要有由形式动词“进行、加以、给以、予以”组成的构式和“把”字构式，体主要有短时体（动词重叠）、动态持续体（着$_2$）、起始体（起来）和继续体（下去）。

5.表示[能力]的"能"与了₂、了₃、否定词"没"同现时有什么规则？

"能"是现代汉语典型的多义情态动词之一。多义情态动词"能"与"了₂""了₃"、否定词"没"等同现时，都可以表达动力情态[能力]义。

一、与"了₂"同现

情态动词"能"与"了₂"同现时，可以表达动力情态[能力]义。这里所说的"了₂"，即一般所说的位于句尾、表示出现了某种新变化的"了"。例如：

（1）仅半年，在她强烈的要求下，竟然已经能上半天班了。

（2）总算能安安生生过好日子了！

（3）不幸的是，这首歌却再也不能安慰我了。

上面例句中的多义情态动词"能"与"了₂"同现时表达的都是[能力]义。彭利贞（2007：292）认为，例（1）和例（2）中的"了₂"是指[能力]从无到有的变化，但是在例（3）中，否定标记"不"先否定"能"，"不能VP"与"了₂"结合，表示[能力]从有到无的变化。

二、与"了₃"同现

这里所说的"了₃"，就是出现在"去除"义动词之后的、一般看作是补语的"了"。多义情态动词"能"与"了₃"同现时，可以表达动力情态[能力]义。例如：

（4）我告诉你，别以为你真能毁了我的生活！

（5）特羡慕人家说离就能离了，是不是觉得我特赖，没潘佑军老婆那么好说话？

上面例句中的"能"表达的都是[能力]义，分别指"不要觉得你真有能力毁了我的生活"和"特别羡慕人家说离就有能力离"。

三、与否定词"没"同现

只有表达动力情态的"能、能够、要、肯、敢"等可以受"没"的外部否定,因此"没能"只可以表达动力情态[能力]义。有关"没能"的具体内容,我们将在问题13"'不能'和'没能'有什么区别?"中进行讨论。

(一)没能不

如果双重否定就是前后出现两次否定的情形,那么,"没M① 不"也可被看作双重否定。"没能"是指在现实情境中主语[能力]的缺失,即在现实情境中的无[能力]。"没能不"中的"能"只表达动力情态[能力]义。例如:

(6)想不到,最终她还是没能不伤到他。

(7)我看着他的小说没能不流泪。

(8)我用了五年的时间,依然没能不爱他。

多义情态动词"能"在这几例中都表达[能力]义,而双重否定形式"没能不"是对表述内容的强调,这几例分别表示"她还是伤到了他""我看着他的小说还是流泪了"和"我依然爱他"。

(二)没能……过……

经历体"过"在时间上指向过去,情态动词"能"与"过"同现时,表达的是对经历事件的[可能]推测②,即认识情态(彭利贞,2007:235)。不过,彭利贞(2007:235)指出,"没能……过……"中的"能"表达的却是动力情态[能力],因为"没"通过对情态的外部否定来达到对经历的事件的否定。例如:

(9)这多年来,他没能给菊菊扯过一尺布,没能买过一瓶雪花膏。

(10)退休后的惠怀瑾,从当年8月到次年9月期间,就没能按时领到过一次养老金。

在例(9)和例(10)中,多义情态动词"能"表达的都是动力情态[能力]。

---

① M指modal verb(情态动词)。

② 有关"能"与"过"的同现限制问题,我们将在问题8中详细讨论。

四、小结

多义情态动词"能"与"了₂""了₃"、否定词"没"同现时，都可以表达动力情态[能力]义。表[能力]的"能"与否定形式"没"同现的形式主要有"没能""没能不"以及"没能……过……"。

6.表示[许可]的"能"与具有情状特征的动词/构式同现时有哪些句法表现?

情态动词"能"与具有情状特征的动词或构式同现时，都可以表达道义情态[许可]。

一、与具有情状特征的静态动词同现

静态动词在语义上具有[−活动]的特征，一般不可以带"了、着"，有时带"了"表示的是某种状态（戴耀晶，1997：13），而不是动作的结束（郭锐，1997：165；彭利贞，2007：177）。我们列举了这几位学者划定的静态动词，见表6-1：

表 6-1　静态动词表

著作	静态动词	
戴耀晶（1997）	属性、关系	是、姓、等于、标志着
	心理感觉	知道、相信、抱歉、怕
郭锐（1997）	是、等于；知道、认识；喜欢、姓；保持、有	
彭利贞（2007）	包含、包括、差、愁、处于、担心、当心、懂、放心、符合、感动、害怕、害羞、后悔、怀疑、昏迷、具备、具有、渴、满意、满足、明白、佩服、屈服、散、伤心、熟悉、属、算、失望、完、误会、误解、瞎、显得、相等、相反、相同、相似、相仿、哑、意味着、肿、总计	

彭利贞（2007：184）指出，多义情态动词与典型的静态动词同现时，情态动词虽然有获得认识情态意义解读的倾向，但这种倾向只能在理想化的状态下才能得到充分的表现。所谓理想化状态，就是没有别的因素影响这些静态动词的静态特征。也就是说，出现影响这些静态动词静态特征的因素时，这些静态动词的性质也会在使用过程中发生变化，从而使与之同现的情态动词的语义解读也产生变化。

静态动词与多义情态动词"能"同现时可以表达认识情态，我们将在问题8中进行详细讨论。本节讨论"能"与静态动词或兼有静态和动态的动词同现时表达的道义情态。

彭利贞（2007：190-191）指出，多义的情态动词与典型静态动词"姓"同现时，可以表达认识情态意义，也可以表达道义情态意义。这是因为"姓"具有天然的社会意义，如皇帝可以赐姓，人们也可以为了某种目的改姓或被迫改姓，所以与多义情态动词同现时，在影响情态动词的语义解读上显示出特有的复杂性，即受到语言外部因素的挤压而改变它对情态成分表达情态的影响。

多义情态动词"能"与"姓"同现时，可以表达道义情态（彭利贞，2007：191）。例如：

（1）庄稼长好了，收成了，我就能不挨饿，不受穷，土地就丢不了，房子也能仍然姓梁。

（2）第一个孩子生下后，姚跃衡与岳母发生了一次激烈的冲突，岳母说孩子只能姓罗。

上面两例中的"能"表达的都是道义情态［许可］。其中例（1）中的"能"表示这个房子仍然允许姓梁。例（2）中的"只能"则表示唯一的［许可］。

在实际应用中静态动词产生了动态意义，那么多义情态动词与之同现时就有可能获得非认识情态的解释（彭利贞，2007：186-187）。不过，静态动词也因此会产生两种情态义，从而引起歧义（彭利贞，2007：187-189）。例如：

（3）狐狸姐姐为什么不能像乌鸦姐姐这么好呢？

（4）这两个股份公司的实际说明，企业转换机制不能等于和取代企业的科学管理。

（5）分数是除法的一种书写形式，分子是被除数，分母是除数（不能等于零）。

彭利贞（2007：187）认为，例（3）中的"能"在表达"像……好"推测义时，是认识情态 [可能]；如果解释为说话人要求狐狸姐姐有 [能力] 做得像乌鸦姐姐那样好，这时"能"表达的是动力情态义。彭利贞（2007：187）还指出，在没有其他条件限制的情况下，与"像"同现的多义情态动词倾向于获得认识情态的解释。但是，"像"有时候表达的是心理空间（mental space）的概念，意思是，有时候我们在头脑中会出现一种驱动力，要求某物"像"什么，这时候，"像"就有可能获得动态性，即说话人可以从道义上对某物或某人提出"像……"的要求，此时，句法结构也产生改变，即成了"A 像 B 这样 / 那样 / 似的（C）"。彭利贞认为下面例（3′）中的"能"表达的是道义情态 [许可] 义。

（3′）狐狸姐姐为什么不能像乌鸦姐姐那样做呢?

例（4）和例（5）中的情态动词"能"有歧义，在不同的语境下可以表达认识情态 [可能] 义或道义情态 [许可] 义。当例（4）强调实际操作时，可以解读为道义情态义 [许可]。当例（5）强调这是一种数学规则时，"能"的情态意义是 [许可]，与否定词结合，表达对除数等于零的 [禁止]。但这两句中"等于"的语义在语境中已经与纯粹的表"等同"的"等于"不同，产生了"把……等同起来"的驱动力意义。

二、与兼有静态和动态情状特征的动词同现

彭利贞（2007：185）从情状的角度分析了张爱民（1992）和张豫峰（2002）有关"有"的语义类型。他指出，表"存在"的"有"是静态的，表"动态（发生）"的"有"是动态的，而表"领有"和"隶属"的"有"则兼有静态和动态的特征。彭利贞还指出，多义情态动词与表"动态（发生）"的"有"同现时，在中性语境下，更多地表现为非认识情态，即动力情态或道义情态。例如：

（6）要中心突出、主题鲜明、结构完整、语言流畅…… 对了，还不能有错

别字。

（7）江唯远想不通，大兵压境的危急时刻，延安人怎么能有这份安适的心情和闲暇的时间？

（8）按照国际法，一个国家只能有一个合法政府代表这个国家。

以上这几例中的"能"表达的都是道义情态 [许可] 义，其中例（6）中的"不能"表示 [禁止]；例（7）是反问句，"怎么能"表示 [禁止] 义，意思是"不能有"；例（8）中的"只能有"意思是"只允许有"。

三、与具有情状特征的动态动词/构式同现

多义情态动词"能"与具有情状特征的动态动词 / 构式同现时，倾向于表达根情态，即动力情态和道义情态。

（一）与动态动词同现

多义情态动词"能"与动态动词中典型的动作动词同现时[①]，可以表达道义情态 [许可] 义。例如：

（9）你怎么能这么说我呢？

（10）随便问一句，我能练气功吗？

这两句中的"能"表达的都是 [许可] 义，其中例（9）中的反问形式"怎么能"表达的是"禁止"义，例（10）使用疑问的形式征求 [许可]（彭利贞，2007：198）。

（二）与动态构式同现

"能"与动态构式中的形式动词构式和"把"字构式同现时，都可以表达道义情态。

1. 与形式动词构式同现

多义情态动词"能"与"进行、给以、加以、予以"等形式动词组成的构式

---

① 彭利贞（2007：197-207）指出，"能"与动态动词中的动作动词同现可以表达动力情态和道义情态；而"能"与动态动词中的结果动词同现通常只可以表达动力情态。有关动态动词详见问题4。

同现时，都可以表达道义情态 [许可] 义。例如：

（11）他们还是认为仰木道之先生所提供的线索事关重大，不能轻易地予以否定。

（12）对于这种情况，我们不能不加以关注。

（13）保不齐哪一位姑奶奶哪一次应选会选进宫，不能不预先给以优待。

这几句中的"能"表达的都是 [许可] 义，其中"不能"义为 [禁止]，后两句中的"不能不"是对 [义务] 的强调。

2. 与"把"字构式同现

"把"字构式从"处置"义来说有明显的动态情状特征，多义情态动词"能"与之同现时，可以表达道义情态。例如：

（14）我恨他太狠了，怎么就能把我完全忘了呢？

（15）她不能把实话告诉老奶奶，那样老奶奶会伤心的。

（16）你怎能把好心当作恶意？

这几例中的"能"表达的都是道义情态 [许可]。其中例（14）和例（16）中的反问表达形式"怎么能"和"怎能"表示 [禁止] 义。例（15）中"能"的否定形式"不能"表达的也是 [禁止] 义。

四、小结

多义情态动词"能"与静态动词、动态动词、动态构式、兼有静态和动态情状特征的动词同现时，都可以表达道义情态 [许可] 义。表示 [许可] 的"能"可以与动态动词中典型的动作动词同现；可以同现的动态构式主要有形式动词"进行、给以、加以、予以"组成的构式和"把"字构式。

7.表示[许可]的"能"与体标记、了₂、了₃、否定词同现时有哪些句法表现?

情态动词"能"与体标记、了₂、了₃、双重否定形式等同现时，都可以表达

道义情态 [许可]。

一、与体标记同现

情态动词"能"与体系统中的完整体和非完整体同现时，都可以表达道义情态。

（一）与完整体同现

多义情态动词"能"与完整体中的短时体（动词重叠）同现时，可以表达道义情态。例如：

（1）没事就不能聊聊吗？

（2）这东西呀，也就只能在家里戴戴。

（3）小姐，我能跟你谈谈吗？

"能"在例（1）～（3）中表达的都是 [许可] 义。彭利贞（2007：272）指出，例（1）是从否定的角度来 [禁止] 事件成真，例（2）中"只"限定只存在一种 [许可] 的事件，例（3）指的是请求听话人给予 [许可] 以实现某事。

（二）与非完整体同现

情态动词"能"与非完整体中的动态持续体、起始体和继续体同现时，都可以表达道义情态。

1. 与动态持续体同现

情态动词"能"与动态持续体"着₂"同现可以表达道义情态 [许可] 义。例如：

（4）阿宁姐不会撵她，可她也不能老住着啊！

（5）他不能养着吃他、喝他的大肥猪！

（6）这是为国为民的好事，我能拦着吗？

以上这几个例句中的"能"表达的都是 [许可] 义，其中例（4）和例（5）是否定句，而例（6）是反问句。这几例中说话人想表达的都是对该句表达的事件或状态的持续的 [禁止]。而"住着、养着、拦着"都可以构成祈使句，具有动态性。

2. 与起始体同现

当主要谓词具有 [+ 自主] 的特征时，多义情态动词"能"与起始体"起来"同现可以表达道义情态 [许可] 义。例如：

（7）他们都这么认真，谁还能不积极起来呢？

（8）不是洗碗就是做饭，反正他不能闲起来。

这两例中的情态动词"能"表达的都是 [许可]，形容词"积极"和"闲"都具有 [+ 自主] 的特征，而"起来"则是虚化得比较彻底的起始体标记。

3. 与继续体同现

多义情态动词"能"与继续体标记"下去"同现时可以表达道义情态 [许可]。例如：

（9）他不能说下去，以免把自己的重要剥夺净尽。

（10）看来，我们的关系不能这么暧昧地拖下去了。

（11）我想了好多天，觉得你不能再这么耗下去了。

（12）面对这一汪未经污染过的纯正，朱叶梅心中再忐忑不安，也不能再追问下去。

"能"在上面这几例中表达的都是道义情态，而且都是以"能"的外部否定形式"不能"来表示 [禁止] 义，也就是说话人禁止句子表达的事件或状态的继续。

值得注意的是，由于对语境的不同解读，多义情态动词"能"与继续体标记"下去"同现时会产生歧解：把客观环境理解为一种 [条件]，"能"可获得表 [条件] 的 [能力] 义；把客观环境当成产生道义的原因，"能"则可解读为 [许可]。例如：

（13）但回答之后，我难过了，甚至有些后悔了，我在屋里不能待下去了，我不愿在你面前表现出软弱，我走了出来。

例（13）中的情态动词"能"既可解释为 [条件] 义，也可解释为 [许可] 义。

二、与"了₂"同现

情态动词"能"与"了₂"同现可以表达道义情态 [许可] 义。这里所说的"了₂",即一般所说的表示出现了某种新变化的、出现在句尾的"了"。例如:

（14）不能让这种现象继续下去了,决不能。

（15）周文,你不能这么混下去了。

（16）你不能再喝了,求求你。

"能"在上面这几个例句中表达的都是 [许可] 义,这几句中的"不能"都是 [禁止] 义,而"了"表示从 [许可] 到 [禁止] 的变化。

"能"与"了₂"同现时,由于语境的不同会产生 [许可] 和 [能力] 的歧解。例如:

（17）这么说,我能去看你了?

例（17）中的"能"既可以表达外部的 [许可],也可以表达有"看你"的 [条件],也就是 [能力] 义。

三、与"了₃"同现

这里所说的"了₃",就是出现在"去除"义动词之后、一般看作是补语的"了"。与"了₃"同现时,多义情态动词"能"可以表达道义情态。例如:

（18）怎么能泼了或者干脆不喝呢?

（19）既不能蹭了别人,更不能蹭了自己,当然也不能蹭了香蕉,姿势就十分难拿,走得艰难。

（20）我好心好意来告诉你,你可不能卖了我呀!

以上这几个例句中的"能"表达的都是道义情态 [许可] 义。例（18）中的反问形式"怎么能"表达的是 [禁止] 义,而例（19）和例（20）中的"不能"表示的也是 [禁止] 义。

四、与双重否定同现

彭利贞（2007:354-365）指出,当"X"是情态动词,则"不 X 不"也是双重否定形式，例如"不能不""不会不""不应该不"；而"不 X 没"的前后都有否定标记，也属于双重否定格式。多义情态动词"能"在双重否定形式"不能不"① 和"不能没"中都可以表达道义情态义。例如：

（21）你可不能啊，妈为你不容易，你眼里可以没有你爸爸，不能没有你妈！

上面这例中的"能"表达的是道义情态，而"不能"表达的是 [禁止]。"不能没"格式对"能"的意义具有过滤作用，它滤除了"能"的其他两种情态语义，使其只剩下一种情态语义，即 [许可]。值得注意的是，"不能没"构式中的"没"，一般是对"有"的否定，语料调查显示，"不能没"中的"没"一般不是对体的否定。

五、小结

多义情态动词"能"与体标记、了₂、了₃、双重否定格式同现时，都可以表达道义情态义。

可以与表 [许可] 的"能"同现的体主要有短时体（动词重叠）、动态持续体（着₂）、起始体（起来）和继续体（下去）。

"能"的双重否定格式"不能不"和"不能没"都可以表示 [必要] 义。

8. 表示 [可能] 的"能"与具有情状特征的动词、体同现时有哪些规则？

与具有情状特征的静态动词、体同现时，多义情态动词"能"可以表达认识情态 [可能] 义。

---

① 双重否定形式"不能不"可以表达道义情态[必要]义和认识情态[可能]义。丁声树等（1961：200-202）指出，"不能不"还有"一定要、必须"的意思。详见问题39和问题40的相关论述。

一、与静态动词同现

彭利贞（2007：178-179）认为，情态动词与典型的静态动词同现时一般表达认识情态。原因在于，静态情状与认识情态在认知结构上有一种自然的融合，也就是说，具有静态情状的动词或构式表达静态事件，对于静态事件，因为事件内部的均质特征，人们一般无意、无力或无责去改变它们，而倾向于去对它们的真实性或事实性进行各种程度上的判定。表现在句法上就是，典型的静态动词在没有语言外部力量改变其静态情状特征时，只与表认识情态的情态动词同现，与只表根情态的情态动词不相容；而与多义情态动词同现时，会使情态动词获得认识情态的解释。

多义情态动词"能"与典型的静态动词"等于""意味着""像""姓"同现时，都可以表达认识情态 [可能] 义。例如：

（1）形式上好像是，但实质上不可能，他们不能等于它们，他们的雪地也不等于它们的雪地。

（2）但万万不可让外国插手，那样只能意味着中国还未独立，后患无穷。

（3）我的气质，怎么能像哈姆雷特？

（4）钢锭、土法炼焦、横列式轧机等落后的工艺与装备大量存在，能耗只能姓"高"。

上面这几例中的"能"表达的都是 [可能] 义。其中例（1）中的"不能"意思是不可能，而例（2）和例（4）中的"只"限定"能"，表示唯一的可能性。例（3）中的"怎么能"是用反问表达不可能。彭利贞（2007：181）指出，"像"有时可以表示心理空间的概念，即在我们的头脑中有一种驱动力，要求某物"像"什么，而与之同现的多义情态动词的语义解读也随之产生变化。

彭利贞（2007：185）从情状的角度分析了张爱民（1992）和张豫峰（2002）有关"有"的语义类型。他指出，表"存在"的"有"是静态的，表"动态（发生）"的"有"是动态的，而表"领有"和"隶属"的"有"则兼有静态和动态。多义情态动词"能"与表"存在"的"有"同现时，可以表达认识情态 [可能] 义。例如：

（5）想不到你们学校图书室里能有这种书。

二、与体标记同现

情态范畴与体范畴之间存在密切的关系，这种关系从概念结构到表现形式上都可得到表现。情态成分和体标记在句子中同现，二者会表现出一种互动限制，而这种同现互动限制则可为多义情态动词的语义解读提供有效的手段。

多义情态动词"能"与现实体、经历体、静态持续体和起始体同现时，都可以表达认识情态。

（一）与完整体同现

与完整体中的现实体和经历体同现时，情态动词"能"都可以表达认识情态[可能]义。

1. 与现实体同现

戴耀晶（1997：35）指出，现实体表示一个现实的动态完整事件，而现代汉语的现实体标记是指动词后的"了"，主要有以下三个语义特征：第一，动态性，句子表达的事件涉及变化，并表明这种变化达到某一个点，这种点可以是终结点、中间点或起始点，所以现实体具有点特征；第二，完整性，现实体句子表达的事件具有整体性性质，句子表达的是一个完整事件；第三，现实性，句子表达的事件在语言使用者的心理上是发生了的，是一个现实事件。（转引自彭利贞，2007：219）

彭利贞（2007：220）结合戴耀晶（1997）有关现实体的特征以及卢英顺（1991）和李小凡（2000）有关"了"的论述，将动词后的"了"和部分句尾的"了"都标记为"了₁"，即都看作是现实体标记。本书中谈及的"了₁"也是以此为界定标准的。

我们结合李小凡（2000）和郭锐（1993）有关现实体标记"了₁"的分布特点，将"了₁"前的谓词的特征归纳为表 8-1 所示。

表 8-1 现实体标记"了₁"前谓词的特点

谓词词性	谓词的语义特征	"了₁"的位置	"了₁"的意义	示例
动词	[动作][结束]	动词后	动作在某一刻已经完毕	看了一遍、吃了饭去
动词	[结果]	动词后	动作变化在某一时刻已经生成了某种结果	打破了玻璃、学会了抽烟
形容词		形容词后		大了一寸、红了脸

彭利贞（2007：220-221）指出，已经实现的或者说话人心理上认为已经实现的事件与情态结合时，与认识情态相容，而排斥道义情态。这一点可以在物质世界中找到理据。已经实现的事件，说话人无法施展道义、动力来改变，而只能对这类事件的可能性的大小做出认识上的推测或断定。从这种意义上说，物质世界或社会的法则在语言的情态表达中得到了体现，情态表达的也是物质世界或社会的法则。

多义情态动词"能"与"了₁"同现时，可以表达认识情态 [可能] 义。例如：

（6）瑞宣知道不能放了金三爷，低声的问李四爷："尸首呢？"

（7）我要是会制革和作鞋，当时便能发了财，我看出来。

（8）你要想用这个报复我，只能毁了你自己，我根本不在乎。

（9）我喂，你就吃吧，我要是外人还能到了这儿？

（10）我还能吃了你？

（11）那还用说，谁还能扔了她？

上面这几例中的"放了""发了""毁了""到了""吃了""扔了"表达的都是现实或者说话人认为是现实的事件，说话人表达对这种现实事件的 [可能] 性的推测（彭利贞，2007：224-225）。彭利贞（2007：224）认为，多义情态动词"能"与现实体标记"了₁"同现的句子一般是疑问句或否定句，而疑问和否定的焦点也是情态本身，即在句法上，表疑问的"怎么""还"，表否定的"不"等都出现在情态动词"能"之前来构成疑问句或否定句。这可能与认识情态的强度有关，当说话人以 [可能] 来管辖已经实现或认为已经成为现实的事件时，从广义的言语行为角度看，是在"怀疑"，而对常被怀疑的对象，则又常倾向于去否定它。当然，疑问句与否定句一般认为都是非现实句，这也符合情态句的非现实特点。

例（6）是用否定形式"不能"来表达说话者认为不可能。现实体在时间上可以指向过去、现在、将来（彭利贞，2007：235）。因此，虽然例（7）的时间是指向过去的，而例（8）的时间是指向将来的，但这两例分别使用"要是"和"要想"这样的假设句来表达说话人假定的现实，以及对这一现实事件的可能性的推断。例（9）～（11）是用带否定意味的反问来表达这种现实事件的可能性小。

彭利贞（2007：225）还指出，指向未来的现实事件可能与另一非现实事件重合。例如：

（12）那我怎能忘了呢？

例（12）中的"忘了"在语义上是存在歧解的。彭利贞（2007：225）认为，如果"忘了"是现实的，那么，"能"表达的是对这一现实事件的 [可能] 预测；如果"忘了"是非现实的，即"了"是所谓的结果补语（马希文，1983），那么，"能"则表示句子主语的 [能力]，或说话人对主语表示的 [许可]。

2. 与经历体同现

戴耀晶（1997：57）认为，"过"是现代汉语经历体的形态标记，它强调句子所表达时间的历时性。"过"的语义具有历时终结的特征，表示某一事件曾经发生并已终结，在可能世界的位置上处于现实世界（彭利贞，2007：232）。

彭利贞（2007：232）认为，经历的或者说话人心理上认为经历的事件，与认识情态相容。此外，经历体"过"在时间上指向过去，当多义情态动词"能"与"过"同现时，表达的是对经历事件的 [可能] 推测，即认识情态[1]（彭利贞，2007：235）。例如：

（13）颜金生，1918年出生，1932年14岁就加入人民军队，他能读过多少年书？

---

[1]　不过，彭利贞（2007：235）也指出，"没能……过"中的"能"表达的却是动力情态[能力]，因为"没"通过对情态的外部否定来达到对经历的事件的否定，详见问题5和问题13的相关论述。

（14）思想上不成熟，能仅说过一次这样的话吗？

（15）走到门口，小春正在门前的石墩上唱"太阳出来上学去"呢，脸色和嗓音都足以证明他在最近不能犯过腹痛。

（16）你一个小孩子，能去过那地方？

以上这几例都是疑问句或者否定句，其中情态动词"能"表达的都是认识情态 [可能] 义。彭利贞（2007：232-235）指出，这是因为"过"在时间上指向过去，而对于过去已经发生的事件，说话人无法施展道义之力来改变，也无法从 [意愿][能力] 等角度来使事件成真，而只能对这类事件的可能性的大小做出认识上的推测或断定。从这种意义上说，物质世界的法则在语言的情态表达中得到了体现，情态表达的也是物质世界的法则。

（二）与非完整体同现

与非完整体中的静态持续体和起始体同现时，情态动词"能"可以表达认识情态。

1. 与静态持续体同现

表静态持续的"着₁"具有事件内部结构无变化的特征（戴耀晶，1997：89）。彭利贞（2007：238）指出，静态事件的内部是均质的、恒定的，人们无法以物质力量或道义之力对它施加影响并使其变成另一种非同质的状态。这种物质世界中的法则映射到句法规则上则会有这样的表现：静态持续体与认识情态相容，而排斥道义情态与动力情态与之同现，如果出现，则产生意义上的变化，即变成状态改变或动态持续的意义。

与"着₁"同现时，多义情态动词"能"可以表达认识情态 [可能] 义。例如：

（17）再说，最美的花儿能在地下埋着吗？

（18）不，他一定不能存着这种汉奸的心理。

上面这两例中的动词"埋"和"存"表达的都是恒定的状态。这两句中的"能"都是对所表达静态事件 [可能] 的一种推测。彭利贞（2007：240）指出，"能"与静态持续体表达的事件结合，在语气上有特定的要求，即都呈现为虚拟语气，或者说是非现实语气；表现在句法上，这种句子多为疑问句或否定句，这时，说话人表达的语用效果是怀疑。可以看到，例（17）是疑问句，而例（18）则是否定句。

2. 与起始体同现

当主要谓词具有 [-自主]① 特征时，情态动词"能"与起始体标记"起来"同现可以表达认识情态。例如：

（19）他要能红起来，你怎么就不能？

（20）本来是一种平凡的烟卷，而购吸者却能泛起来一种幻想，这个，那个名伶，名歌者也同时在吸用着它。

上面这两例中的"能"表达的是认识情态 [可能] 义，而句中的主要谓词"红"和"泛"都具有非自主的特征。例（19）和例（20）中的"起来"都是虚化得比较彻底的起始体标记。

三、小结

多义情态动词"能"与静态动词、体标记同现时，都可以表达认识情态 [可能] 义。表 [可能] 的"能"可以与典型静态动词"等于""意味着""像""姓"同现；可以同现的"体"主要有现实体、经历体、静态持续体和起始体。

9. 表示 [可能] 的"能"与"没"同现时有哪些句法表现？

彭利贞（2007：246-347）指出，内部否定"没"是对命题的否定，出现在情态动词的后面，主要有两种：第一种是对"有"的否定；第二种是对现实体"了"、经历体"过"、持续体"着"的否定。其中对现实体"了"进行否定时，

---

① 马庆株（1992：13-46）指出，非自主动词是无意识、无心的动作行为，即动作行为发出者不能自由支配的动作行为，也表示变化和属性。因此，那些具有"不能自由支配"特点的词，都可以看作是具有 [-自主] 特征。

"了"不再出现；而对体标记"过""着"进行否定时，"过""着"却需要保留。多义情态动词"能"与内部否定"没"同现时，可以表达认识情态。

一、与"有"的否定同现

与"有"的否定同现时，多义情态动词"能"可以表达认识情态。例如：

（1）谁又不是泥捏的，可哪能没些脾气？

（2）酒嘛，怎能没酒味儿，你又憋着什么坏呢？

（3）我能没气吗？

以上几例中的"没"都是"有"的否定形式，而"有"表达的意思有"存在""拥有"和"出现"。"能"与这几例中"有"的否定形式"没"同现表达的都是认识情态 [可能] 义。彭利贞（2007：348）指出，这几例都是用反问的形式对 [可能] 进行否定，从而构成双重否定"不可能没有"的意思，按量低的否定向上蕴含的否定规则，则表达了"一定有"的意义。

二、与体的否定同现

情态动词"能"与体的否定形式"没"同现时，可以表达认识情态 [可能] 义。例如：

（4）我们设计师是专门从国外请回来的大师，他能没考虑这问题吗？

（5）我怎能没死？

（6）祥子怎能没看见这些呢？

（7）当俺是傻子呀，俺能没见过汽车吗？

例（4）～（7）都是问句，这几例中的"能"表达的都是 [可能]，表达的都是对某种可能性的怀疑。

三、小结

多义情态动词"能"与内部否定形式"没"同现时，可以表达认识情态 [可能]。表 [可能] 的"能"可以与内部否定格式"没"同现，主要有两种形式：对"有"的否定和对体的否定。

10. "能"与具有情状特征的动词/构式同现时可以表达什么情态义？

动词的情状类型、体范畴、否定范畴、情态动词之间的连用限制、主语的语义特征等语法范畴都会对现代汉语多义情态动词的解释产生直接影响。

情状是指动词表达的某种状态和方式（戴耀晶，1997：9），主要有静态、活动、完结、达成四种形式（Vendler，1967）。不同情状特点的动词或构式对多义情态动词的情态解读具有决定性作用。

一、与具有情状特征的动词同现

多义情态动词的语义解释会受到情状的动态或静态的直接影响。情态动词"能"可以与具有情状特征的静态动词和动态动词同现。

（一）与静态动词同现

彭利贞（2007：178-193）认为，多义情态动词"能"与静态动词同现时，在理想化的状态下更倾向于表达认识情态 [可能]，因为静态事件的内部是均质的，是无法改变的。不过，彭利贞也指出，如果静态动词的属性受到影响，那么"能"也可以表达道义情态和动力情态，因此情态动词"能"与静态动词同现时，表达的不一定就是认识情态。例如：

（1）武运注定不长久，下场只能像东条。

（2）但从长期看，有限的目标只能意味着问题的有限解决。

（3）第一个孩子生下后，姚跃衡与岳母发生了一次激烈的冲突，岳母说孩子只能姓罗。

（4）大事要事难事不少，头绪纷繁，矛盾复杂，需要各级干部特别是领导干部集中精力，埋头苦干，不能有任何的马虎和轻率。

（5）这两个股份公司的实际说明，企业转换机制不能等于和取代企业的科学管理。

（6）现实生活当中有多少人能像她这样儿？

例（1）和例（2）中的多义情态动词"能"与静态动词"像"和"意味着"同现时，表达的都是认识情态 [可能] 义。"能"在例（3）和例（4）中与静态动词"姓"和表"动态（发生）"的"有"同现，表达的都是道义情态 [许可]，其中"不能"在这里表示 [禁止] 义。例（5）中的情态动词"能"是有歧义的，既有认识情态 [可能] 义，又有道义情态 [许可] 义，表道义情态时，"不能"义为 [禁止]。例（6）中的"能"也是有歧义的，可以解读为认识情态 [可能] 或者动力情态 [能力]。

（二）与动态动词同现

彭利贞（2007：194-196）指出，多义情态动词与动态动词 / 构式同现时更倾向于表达动力情态和道义情态，即根情态；动态事件的内部是非均质的，可以看出它们的变化，这种变化一般是由于受到自然或社会的外力影响；动力情态和道义情态都可以是促成事件发生变化的外在之力，而且这些动力与道义力量也只有施加到具有可变性的非均质事件上，才能对事件产生影响。这也就是根情态与动态语义特征具有天然的相容性的理据所在。

动态动词语义上具有"活动"的性质，而语法上可带"了""着"等标记，也有典型与非典型的区别，比如，可以把持续动作动词看作是动态动词的原型，而位置动词和姿势动词则是动态动词的边缘成员，因为不同的句法表现，可以让它们表达的事件在动静态之间游移（彭利贞，2007：194-195）。

1. 与动作动词同现

情态动词"能"在与典型的动作动词同现时，可以表达道义情态 [许可] 义和动力情态 [能力] 义。例如：

（7）你怎么能这么说我呢？

（8）随便问一句，我能练气功吗？

（9）我只能跳我们最熟的慢四。

（10）——您能不能教教我？

　　　——能教！

　　多义情态动词"能"与例（7）和例（8）中的动作动词"说"和"练"同现表达的都是 [许可] 义，其中例（7）是用反问句的形式表示禁止的语用意义，而例（8）则是说话人通过问句的形式征求 [许可]，希望可以从事"练"表达的活动（彭利贞，2007：198）。例（9）和例（10）中的"能"与动作动词"跳"和"教"同现表达的都是动力情态 [能力] 义。

　　2. 与结果动词同现

　　多义情态动词"能"与结果动词同现时只表达动力情态 [能力] 义。例如：

　　（11）能办到吗？

　　（12）难道现在就没什么能打动你的？

　　上面这两句中的"能"与结果动词"办到"和"打动"同现表达的都是 [能力] 义。

二、与具有情状特征的构式同现

　　构式也可以表达情状，主要有两种：静态构式和动态构式。多义情态动词"能"与动态构式中的形式动词构式和"把"字构式同现时，倾向于表达根情态。

（一）与形式动词构式同现

　　由形式动词"进行、给以、加以、予以"组成的构式具有动态的属性，多义情态动词"能"跟这类构式同现时可以表达动力情态 [能力] 义和道义情态 [许可] 义，即根情态。例如：

　　（13）我们老李人不错，他只有一个毛病，这就是需要找到崇高的借口才能进行实际生活。

　　（14）明智的人不仅能在祸患未发时加以防止，并能举一反三……

　　（15）他们还是认为仰木道之先生所提供的线索事关重大，不能轻易地予以否定。

　　（16）工作上的错误可以讨论，检讨，但必须是同志式的，不能进行粗暴的谩骂和无礼的斥责！

　　上面例（13）和例（14）中的"能"与形式动词"进行"和"加以"组成的

构式同现，表达的都是 [能力] 义。"能"与例（15）和例（16）中的形式动词"予以"和"进行"组成的构式同现，表达的都是道义情态 [许可]，"不能"义为 [禁止]。

（二）与"把"字构式同现

"把"字构式就其"处置"义来说在情状上具有动态的特征，情态动词"能"与其同现可以表达根情态，也就是动力情态和道义情态。例如：

（17）月亮就无助地被关在外面，只能把窗帘的中央照得雪亮。

（18）真是像戏里说的，旧社会把人变成鬼，解放军能把鬼变成人。

（19）你怎能把好心当作恶意？

（20）她不能把实话告诉老奶奶，那样老奶奶会伤心的。

上面例（17）和例（18）中的多义情态动词"能"表达的都是动力情态 [能力] 义。例（19）和例（20）中的"能"表达的都是道义情态 [许可] 义，其中例（19）是用反问的形式表达"能"的 [禁止] 义，而例（20）中的"不能"也是 [禁止] 义。

三、小结

多义情态动词"能"与具有情状特征的动词 / 构式同现时，可以表达认识情态 [可能] 义、道义情态 [许可] 义和动力情态 [能力] 义。

"能"可以与具有情状特征的静态动词和动态动词同现，其中与静态动词同现时倾向于表达认识情态 [可能]，也可以表达道义情态 [许可] 或者动力情态 [能力]；可以与动态动词里的动作动词和结果动词同现，其中与典型的动作动词同现时表达道义情态 [许可] 义和动力情态 [能力] 义，而与结果动词同现时只表达动力情态 [能力] 义。

"能"与动态构式中的"把"字构式和由形式动词"进行、给以、加以、予以"组成的形式动词构式同现时，倾向于表达根情态，即道义情态 [许可] 义和动力情态 [能力] 义。

11. "能"与体同现时可以表达哪些情态义？

体是观察时间进程中事件构成的方式（戴耀晶，1997：5）。多义情态动词"能"与体系统中的完整体和非完整体具有同现限制关系。

一、与完整体同现

多义情态动词"能"与完整体中的现实体、经历体和短时体具有句法限制关系，其中"能"与现实体同现时表达认识情态和根情态，和经历体同现时表达认识情态和动力情态，而与短时体同现表达根情态。

（一）与现实体同现

我们参照彭利贞（2007：220）有关现实体标记"了₁"的界定，将动词后的"了"和部分句尾的"了"都标记为"了₁"。彭利贞（2007：220-221）认为，现实体与认识情态相容，因为已经实现的事件，说话人无法施展道义、动力来改变，而只能对这类事件的可能性的大小做出认识上的推测或断定。多义情态动词"能"与"了₁"同现表达认识情态 [可能]，一般出现在疑问句或否定句中，这类句子常被认为是非现实句。例如：

（1）瑞宣知道不能放了金三爷，低声的问李四爷："尸首呢？"

（2）那还用说，谁还能扔了她？

（3）那我怎能忘了呢？

以上这几例中的"放了""扔了""忘了"表达的都是现实的或在说话人心里是现实的，"能"是对这些事件的推测。例（1）中的"不能"是否定这种可能性的推测，例（2）是用反问表达可能性小，而例（3）是未然事件，说话人在表达对未来成为现实的事件的可能性的预测。

彭利贞（2007：224-225）指出，例（3）中未来的现实事件与另一非现实事件重合时，如果"忘了"是现实的，那么，"能"表达的是对这一现实事件的 [可能] 预测；如果"忘了"是非现实的，即"了"是所谓的结果补语（马希文，

1983），那么，"能"则表示句子主语的 [能力]，或说话人对主语表示的 [许可]。

（二）与经历体同现

戴耀晶（1997：57）认为，"过"是现代汉语经历体的形态标记。"过"表示某一事件曾经发生并已终结，在可能世界的位置上处于现实世界（彭利贞，2007：232）。

彭利贞（2007：232）认为，经历的或者说话人心理上认为经历的事件，与认识情态相容。此外，在没有其他成分影响的理想状态下，多义情态动词"能"与经历体"过"同现时，表达的是对经历事件的 [可能] 推测，即认识情态（彭利贞，2007：235）。例如：

（4）颜金生，1918年出生，1932年14岁就加入人民军队，他能读过多少年书？

（5）思想上不成熟，能仅说过一次这样的话吗？

上面这两例中的"能"表达的都是认识情态 [可能] 义。

彭利贞（2007：235）还指出，"没能……过……"中的"能"表达的是动力情态 [能力]，因为"没"通过对情态的外部否定来达到对经历的事件的否定。例如：

（6）退休后的惠怀瑾，从当年8月到次年9月期间，就没能按时领到过一次养老金。

（三）与短时体同现

短时体是用动词的重叠形式来表现的（戴耀晶，1997：75），主要有"VV"和"V一V"两种格式，还可以与"了₁"组合构成"V了V"或"V了一V"。彭利贞（2007：269）指出，情态动词与短时体同现倾向于表达动力情态和道义情态，不过情态动词很少与表达过去短时事件的"V了V"同现，可能是因为短时事件的量小特征（俞敏，1954；范方莲，1964）使事件的属性不足以形成足够的推理的证据，不足以让说话人对过去短时事件形成各种程度的可能性认识。多义情态动词"能"与短时体同现可以表达动力情态和道义情态。例如：

（7）我能跟你谈谈吗？

（8）没事就不能聊聊吗？

（9）您能不能教教我？

（10）要是她能这么说一说多好，可是她偏不。

上面的例（7）和例（8）中的"能"表达的都是道义情态 [许可] 义，其中例（7）用疑问的形式请求许可，而例（8）中的"不能"表示 [禁止] 义。例（9）和例（10）中的"能"都表示动力情态 [能力] 义，其中例（9）用"能不能"来表达疑问，而例（10）是条件句。

二、与非完整体同现

情态动词"能"与非完整体中的持续体、起始体和继续体具有同现互动关系，其中与静态持续体同现时表达认识情态，与动态持续体同现时表达根情态，与起始体同现表达认识情态和根情态，与继续体同现时表达根情态。

（一）与持续体同现

情态动词"能"可以与静态持续体和动态持续体同现。

1. 与静态持续体同现

彭利贞（2007：238-240）将戴耀晶（1997：89）所说的静态持续体标记"着"标记为"着$_1$"，并指出，多义情态动词"能"与"着$_1$"同现表达认识情态，因为静态事件是均质的，所以常常倾向于从事件可能性的大小上来认识它，而不从道义、动力的角度上去影响、改变这类事件。例如：

（11）他一定不能存着这种侥幸的心理。

（12）再说，最美的花儿能在地下埋着吗？

例（11）和例（12）中的动词"存"和"埋"表达的都是恒定的状态，而"能"表达的是对静态事件的 [可能] 推测，其中例（11）是否定句，而例（12）则是疑问句。"能"与"着$_1$"同现常出现在疑问句或否定句中，表现为虚拟语气或非现实语气，而语用上则表现说话人的质疑。

2. 与动态持续体同现

彭利贞（2007：279-280）指出，多义情态动词"能"与动态持续体"着₂"同现时可以表达动力情态 [能力] 义和道义情态 [许可] 义，其中 [能力] 义表示主语有让事件或状态持续的能力，而表 [许可] 时常为否定或反问，表示说话人对表述的事件或状态的持续的 [禁止]。例如：

（13）只有我能守着他。

（14）周仁无言以对，只能默默地抽着烟。

（15）这是为国为民的好事，我能拦着吗？

（16）太太还有话呢，纪妈没心去听，可是不能不听着。

例（13）～（16）中的"守着、抽着、拦着、听着"都具有动态性的特征，其中例（13）和例（14）中的"能"表达的都是动力情态 [能力] 义。而例（15）和例（16）中的"能"表达的则都是道义情态 [许可] 义，其中例（15）是反问，例（16）中双重否定"不能不"义为"必须"。

（二）与起始体同现

彭利贞（2007：244）也赞同戴耀晶（1997：95）将表示"开始"的"起来"看作起始体标记。时间指向将来的起始体"起来"与根情态相契合，要获得认识情态解读，则需要更多的条件（彭利贞，2007：244-245）。多义情态动词"能"与起始体同现时，主要谓词具有 [+ 自主] 特征，"能"表达根情态；主要谓词具有 [-自主] 特征，"能"则可能表达认识情态。例如：

（17）他现在已经过了格外怕被人说酸的年龄，酸就酸点吧，能酸起来也说明自己不老。

（18）可尽管大家竭力凑趣，聚会仍没能热闹起来。

（19）他们都这么认真，谁还能不积极起来吗？

（20）不是洗碗就是做饭，反正他不能闲起来。

（21）以往也有类似情况，回到家里从未感到过异常，这天却不能不疑惑起来。

（22）本来是一种平凡的烟卷，而购吸者却能泛起来一种幻想，这个，那个名伶，名歌者也同时在吸用着它。

上面这几句中的"起来"都是起始体标记。例（17）～（20）中的主要谓词"酸、热闹、积极、闲"都有 [+ 自主] 的特点，其中例（17）和例（18）中的"能"表达的都是动力情态 [能力]，例（19）和例（20）表达的则都是道义情态 [许可]。而例（21）和例（22）中的主要动词"疑惑"和"泛"都是非自主动词，句中的"能"表达的都是 [可能] 义。

（三）与继续体同现

戴耀晶（1997：101）指出，继续体的标记是"下去"，是指在事件内部结构的某一点上还将继续持续。继续体具有动态性，且指向非过去，多义情态动词"能"与继续体同现表达动力情态 [能力] 和道义情态 [许可]。例如：

（23）你坚持得很不错了，我相信你能继续下去，可我们的速度太慢了。

（24）你能瞒我一天半天，还能永远瞒下去吗？

（25）面对这一汪未经污染过的纯正，朱叶梅心中再忐忑不安，也不能再追问下去。

例（23）和例（24）中的主要动词"继续、瞒"都是自主动词，具有动态的特征，这两句中的"能"与它们同现表达的都是动力情态 [能力]。例（25）中的"能"表达的是道义情态 [许可]，句中"能"的外部否定式"不能"表达的是 [禁止] 义，即说话人禁止句子表达的事件或状态继续（彭利贞，2007：260）。

三、小结

多义情态动词"能"与体同现时，可以表达认识情态 [可能] 义、道义情态 [许可] 义和动力情态 [能力] 义。

多义情态动词"能"可以与体系统中的完整体和非完整体同现。

"能"可以与完整体中的现实体、经历体和短时体同现，其中与现实体"了₁"同现倾向于表达认识情态 [可能]，也可以表达道义情态 [许可] 和动力情态 [能力]；与经历体"过"同现表达的是认识情态 [可能] 和动力情态 [能力]；与短时体动词的重叠同现可以表达动力情态 [能力] 和道义情态 [许可]。

情态动词"能"还可以与非完整体中的持续体、起始体和继续体同现。"能"与静态持续体"着₁"同现表达认识情态，而与动态持续体"着₂"同现表达根情态，即动力情态 [能力] 和道义情态 [许可]。"能"与起始体"起来"同现时，如主要谓词具有 [+ 自主] 特征，"能"可以表达根情态，即动力情态 [能力] 和道义情态 [许可]；如主要谓词具有 [- 自主] 特征，"能"可以表达认识情态 [可能]。"能"与继续体"下去"同现表达动力情态 [能力] 和道义情态 [许可]。

12."能"与了₂、了₃、否定范畴同现时 可以表达哪些情态义？

动词的情状类型、体范畴、否定范畴、情态动词之间的连用限制、主语的语义特征等语法范畴都会对现代汉语多义情态动词的解释产生直接影响。下面我们就多义情态动词"能"与了₂、了₃、否定范畴的同现情况分别进行讨论。

一、与"了₂"的同现关系

多义情态动词"能"与"了₂"同现可以表达动力情态 [能力] 和道义情态 [许可]。这里所说的"了₂"，即一般所说的表示出现了某种新变化、出现在句尾的"了"。例如：

（1）不幸的是，这首歌却再也不能安慰我了。

（2）总算能安安生生过好日子了！

（3）你不能再喝了，求求你。

（4）不能让这种现象继续下去了，决不能。

例（1）和例（2）中的多义情态动词"能"与"了₂"同现时表达的都是 [能力] 义。彭利贞（2007：292）认为，例（1）中的否定标记"不"先否定"能"，"不能 VP"与"了₂"结合，表示 [能力] 的从有到无的变化。而例（2）中的"了₂"是指 [能力] 从无到有的变化。例（3）和例（4）中的"能"表达的都是道义情

态 [许可]，否定形式 "不能" 义为 [禁止]。

二、与 "了₃" 的互动关系

这里所说的 "了₃"，就是出现在 "去除" 义动词之后的、一般看作是补语的 "了"。情态动词 "能" 与 "了₃" 同现，可以表达道义情态 [许可] 义和动力情态 [能力] 义。例如：

（5）既不能蹭了别人，更不能蹭了自己，当然也不能蹭了香蕉，姿势就十分难拿，走得艰难。

（6）怎么能泼了或者干脆不喝呢？

（7）我告诉你，别以为你真能毁了我的生活！

（8）特羡慕人家说离就能离了，是不是觉得我特赖，没潘佑军老婆那么好说话？

例（5）和例（6）中的 "能" 表达的都是 [许可] 义，而例（7）和例（8）中的 "能" 表达的是 [能力] 义。

三、与否定范畴的同现限制

"否定" 在认知的概念结构中与 "肯定" 概念相对，它的标记是 "不" 和 "没"。彭利贞（2007：315-317）认为，情态否定有外部否定、内部否定和双重否定三种方式，其中外部否定（例如 "她不可能在办公室"）是对情态的否定；而内部否定（例如 "她可能不在办公室"）是对命题的否定；双重否定是外部否定与内部否定的结合体，主要有 "不 M 不、不 M 没、没 M 不" 等形式。彭利贞（2007：319）指出，否定在多义情态动词的情态语义解读中有一定的作用，而多义情态动词 "能" 与否定标记同现可以表达根情态和认识情态。

（一）与外部否定同现

多义情态动词 "能" 与 "不" 和 "没" 可以构成外部否定形式 "不能" 和 "没能"，其中 "不能" 可以表达动力情态 [能力] 义、道义情态 [许可] 义和认识情态 [可能] 义，而 "没能" "没能……过" 只可以表达动力情态 [能力] 义。

例如：

（9）我确实不能喝，喝就脸红。

（10）今天小礼拜规定不能接孩子的。

（11）你总不能让戎马生涯的一家人，一下火车就露宿街头啊！

（12）她又往前走了两步，脸上忽然红起来，露出几个白牙，可是话没能说出。

（13）退休后的惠怀瑾，从当年8月到次年9月期间，就没能按时领到过一次养老金。

例（9）～（11）中的"能"分别表达的是[能力]义、[许可]义和[可能]义。而例（12）和例（13）中的"能"表达的都是[能力]义。

（二）与内部否定同现

彭利贞（2007：246-347）指出，内部否定"没"与情态动词同现有两种：第一种是对"有"的否定；第二种是对现实体"了"、经历体"过"、持续体"着"的否定。多义情态动词"能"与"没"构成"能没"，表达的是认识情态[可能]。例如：

（14）谁又不是泥捏的，可哪能没些脾气？

（15）我们设计师是专门从国外请回来的大师，他能没考虑这问题吗？

上面这两句中的"能"表达的都是[可能]义，其中例（14）中的"没"是"有"的否定形式，而例（15）中的"没"是体的否定形式。

（三）与双重否定同现

双重否定形式对多义情态动词的义项具有过滤的作用，情态动词"能"的双重否定形式有"没能不""不能没"①"不能不"②，其中"没能不"和"不能没"可以分别表达动力情态[能力]和道义情态[禁止]，而"不能不"可以表达道义情态[必要]和认识情态[必然]。例如：

---

① 有关"没能不"和"不能没"详见问题5和问题7。

② 有关"不能不"详见问题39和问题40的相关论述。

（16）想不到，最终她还是没能不伤到他。

（17）是啊，人不能没有信仰，不能没有追求，不能没有归宿。

（18）那格格的哭声是悲怆而奔放的，不能不引起我强烈的共鸣。

（19）对于这种情况，我们不能不加以关注。

例（16）的"没能不"中的"能"表达的是 [能力] 义，而例（17）"不能没（有）"中的"不能"表达的是 [禁止] 义。例（18）和例（19）中的"不能不"分别表达了 [必然] 义和 [必要] 义。

四、小结

多义情态动词"能"与了₂、了₃、否定范畴等同现时，都可以表达动力情态 [能力] 义、道义情态 [许可] 义和认识情态 [可能] 义。

情态动词"能"与"了₂"同现可以表达动力情态 [能力] 和道义情态 [许可]。"能"与"了₃"同现可以表达动力情态 [能力] 和道义情态 [许可]。

多义情态动词"能"还可以与外部否定、内部否定和双重否定同现，其中"不能"可以表达动力情态[能力]义、道义情态[禁止]义和认识情态[可能]义，而"没能"中的"能"只可以表达动力情态 [能力] 义。情态动词"能"与内部否定"没"同现时，"能没"中的"能"可以表达认识情态 [可能]。"能"的双重否定形式有"没能不""不能没""不能不"，其中"没能不"中的"能"表达动力情态[能力]义，"不能没"中的"不能"表达道义情态[禁止]，而"不能不"可以表达道义情态 [必要] 义和认识情态 [必然] 义。

13."不能"和"没能"有什么区别？

有的现代汉语情态动词与"不"和"没"的外部否定具有相容性。情态动词"能"可以被"不"和"没"否定。例如：

（1）我总这么想，一部作品拿出来，要经得起时间的检验，不能光发就完了。

（2）很多人终其一生也没能找到。

下面我们先看看"不"和"没"的用法，然后在此基础上再看"不能"和"没能"的差异。

一、"不"和"没"

"不"和"没"是现代汉语最常用的否定标记。

副词"不"表示否定，放在动词、形容词或个别副词前，可以单用，回答问话，表示与问话意思相反（吕叔湘，1999：90）。"不"用在表示动作的动词或词组之前，常常表示对某种意愿的否定（不愿意、不肯、不想），例如：我不喝水；有时表示没有某种习惯或癖好，例如：他从来不抽烟；还可以表示假设，例如：不看见不死心（朱德熙，1982/1999：200-201）。

在口语里，"没有"常使用"没"来表示。"没"可以做动词和副词。《现代汉语词典》（第7版）指出，"没"做动词时，"表示'领有、具有'等的否定（没理由）"，"表示存在的否定（屋里没人）"，"用在'谁、哪个'等前面，表示'全都不'（没谁会同意这样做）"，表示"不如；不及（谁都没他会说话）"，还可以表示"不够；不到（来了没三天就走了）"；"没"做副词时，"表示'已然'的否定（他还没回来）"，还可"表示'曾经'的否定（我从没见过他）"。

吕叔湘（1999：383-384）指出，"没有"用于客观叙述，限于指过去和现在，不能指将来。例如，"以前他没有去过"。而"不"用于主观意愿，可指过去、现在和将来。例如，"前天请他他不来，现在不请他他更不来了"。"不"可以否定所有的情态动词，但是"没"只能用于"能、能够、要、肯、敢"等。

二、"不能"和"没能"的区别

情态动词"能"主要有动力情态 [能力]、道义情态 [许可] 和认识情态 [可能] 三种情态义。"不"和"没"都可以否定情态动词"能"，那么"不能"和"没能"有哪些情态义呢？

在很多多义情态否定形式中，"不"不可以单独滤除多义，必须借助别的句法、语义、语用因素，才能得出该格式中的多义情态动词的情态语义解读，而且这往往只表现为一种倾向性（彭利贞，2007：320）。多义情态动词"能"可以被"不"否定，那它可能会有哪些意思呢？我们先看看下面的例句：

（3）我确实不能喝，喝就脸红。

（4）今天小礼拜规定不能接孩子的。

（5）妹妹不能嫁出去，否则妈妈会因抑郁而随父亲一起走的。

（6）你总不能让戎马生涯的一家人，一下火车就露宿街头啊！

例（3）中的"不能"是说"我"没有"喝（酒）"的能力，而且一喝（酒）脸就会红，这里的"能"表达的是动力情态 [能力] 义。"不能"在例（4）和例（5）中都表示禁止，也就是道义情态 [许可] 义，即对"接孩子"和"嫁出去"这种行为的不许可。例（6）中"不能"表示的是一种推测，即认识情态 [可能]，这句话是说不可能"让戎马生涯的一家人，一下火车就露宿街头"。

"不"常表达的是一种意愿，这种主观性在意义上与动力情态、道义情态和认识情态没有冲突。从上面的例句中，我们可以看出"不能"可表达 ¬ [能力][禁止] 和 ¬ [可能] 三种情态义。

能被"没"否定的"能、能够、要、肯、敢"等往往都表示动力情态，这些情态动词都是可能让命题为真的动力条件，因此"能"受"没"外部否定后，只表达一种情态语义，即 [能力] 这种动力情态（彭利贞，2007：321-328）。我们来看看下面的例子：

（7）他几乎一夜没能睡好。

（8）口中也想说两句知恩感德的话，可是没能说出来。

（9）她又往前走了两步，脸上忽然红起来，露出几个白牙，可是话没能说出。

（10）他已经觉得十分对不起，没能早些过来请安，仿佛文博士的行动他都知道似的。

"没能"中的"能"在例（7）～（10）中表达的都是动力情态 [能力] 义，即在当时的情境下不具备"睡好""说出来""说出"和"早些过来请安"的某种条件。"没"是对现实义的否定，而道义情态和认识情态表达的是非现实义，动力情态则是介于现实与非现实之间的。因此，表达现实义的"没"只能与动力情态相容，也就是说"没"只能从外部否定表动力情态的情态动词。从上面的例句中也可以看出，"没能"表达的都是没有 [能力] 做某事。

综上所述，"不能"中的"能"可以表达动力情态 [能力] 义、道义情态 [禁止] 义和认识情态 [可能] 义，而"没能"中的"能"却只可以表达动力情态 [能力] 义。

三、"会"的语义、句法特点

14."会"有哪几种语义？

现代汉语情态动词"会"也是典型的多义情态动词，主要有两种情态[①]，即动力情态 [能力] 和认识情态 [盖然]。

一、动力情态

彭利贞（2007：141）把吕叔湘（1999：278）认为的"会"的"懂得怎样做或有能力做某事"和"善于做某事"都看作是"会"的动力情态 [能力] 义，因为情态动词"会"的这两种意义的否定形式都是"不会"，也都可以被"很、真、最"等程度副词修饰。例如：

（1）以前他不怎么会说普通话，现在会（说）了。

（2）你会不会唱这个歌？——会。

（3）你会吐大烟圈吗？

（4）还是你会说话。

（5）中国人最会喝茶。

---

① 彭利贞（2007：142）认为，"会"还可以表达[承诺]（见问题1），例如："我会让你平静的。"不过，他认为"会"的这种"承诺"更像是一种通过语用推理得到的语用意义：言者通过告诉听者某事可能性大而有"保证"的意味。彭利贞（2007：206）还认为，"会"的这种意义兼有认识情态与道义情态的意义，是一种边缘状态的情态意义。鉴于此，本书没有单独列举彭利贞（2007）所提及的"会"的道义情态。

（6）你真会说。

以上这几例中的"会"表达的都是 [能力]，都是指主语具有某方面的技能，例如"说普通话"的技能、"喝茶"的技能等。例（1）～（3）中的"会"是指懂得怎样做或有能力做某事，而例（4）～（6）中的"会"表示善于做某事。

二、认识情态

在汤廷池（1976）、吕叔湘（1999）、郭昭军（2003）讨论的有关"会"的"可能"义的基础上，彭利贞（2007：142-143）认为，"会"可以表达认识情态，是介于 [可能] 与 [必然] 之间的 [盖然]，表示一种极高的可能性。例如：

（7）他怎么会肯附逆呢？

（8）现在他不会在家里。

（9）他没想到自己会如此镇静。

（10）要是往日，他会要她们重报的。

以上这几例中的"会"表达的都是认识情态，表示说话人推测事件的事实性或成为事实的可能性极高（彭利贞，2007：144）。

综上所述，情态动词"会"可以表达动力情态 [能力] 和认识情态 [盖然] 两种情态义。

15. "会"表示 [能力] 时有什么句法要求？

多义情态动词"会"与动作动词、短时体、了₂同现时，都可以表达动力情态 [能力]。

一、与动作动词同现

情态动词"会"与典型的动作动词同现时，可以表达动力情态。例如：

（1）所以他会玩鸽子，能走马。

（2）妈以前待过的地方，也有女的会下棋，可要的钱也多。

（3）幸亏我还会画画儿。

（4）别以为老娘只会烧火，我会唱歌呢。

这几例中的"会"表达的都是［能力］义，表示句子的主语有某种能力，而这些例句中的主要动词"玩、下、画、烧、唱"都是典型的动作动词。

二、与短时体（动词重叠）同现

多义情态动词"会"与动词重叠同现时，可以表达［能力］义。例如：

（5）他会看看节气，麦子不成了种玉米，玉米来不及了种小豆……总之，他不能让那块地闲置，否则他还算是什么老农！

（6）他下过牢，见识过死亡和刑罚，已经不会说说笑笑了。

"会"在上面这两例中表达的都是动力情态，即主语有某种能力，分别指"作为一个'老农''看看节气'的能力"和"'说说笑笑'的能力"。

三、与"了₂"同现

"了₂"是指在句尾位置的"了"（有部分句尾"了"是现实体标记），表示出现了某种变化。情态动词"会"与"了₂"同现时，可以表达动力情态。例如：

（7）孩子是我拉扯大的，会笑、会走、会叫妈了，可我又不是他妈。

（8）嗯，因为它已经不会飞了！

上面这两例中的"会"表达的都是［能力］义，其中例（7）中的"会"表示有能力"笑、走、叫妈"，而例（8）中"会"的否定形式"不会"表示没有"飞"的能力。

综上所述，情态动词"会"与典型的动作动词、短时体（动词重叠）、"了₂"同现时，都可以表达动力情态［能力］义。

16. 表示 [盖然] 的 "会" 与具有情状特征的动词 / 构式同现时有哪些句法表现？

情状是指动词表达的某种状态和方式（戴耀晶，1997：9），主要有静态、活动、完结、达成四种形式（Vendler，1967）。不同情状特点的动词或构式对多义情态动词的情态解读具有决定性作用。下面我们就多义情态动词 "会" 与不同情状特征的动词或构式的同现情况分别进行讨论。

一、与具有情状特征的动词同现

多义情态动词的语义解释会受到情状的动态或静态的直接影响。情态动词 "会" 与静态动词和动态动词同现都可以表达认识情态。

（一）与静态动词同现

情态动词与典型的静态动词同现时一般表达认识情态。彭利贞（2007：178）指出，静态情状与认识情态在认知结构上有一种自然的融合：具有静态情状的动词或构式表达静态事件，对于静态事件，因为事件内部的均质特征，人们一般无意、无力或无责去改变它们，而倾向于去对它们的真实性或事实性进行各种程度上的判定。表现在句法形式上就是，典型的静态动词在没有语言外部力量改变其静态情状特征时，只与表认识情态的情态动词同现，而拒绝与只表根情态的情态动词同现，当与多义情态动词同现时，则使得情态动词获得认识情态的解读。

多义情态动词 "会" 与典型的静态动词 "意味着""像""姓" 同现时，都可以表达认识情态 [盖然] 义。例如：

（1）若不能有，对今后市场的猪肉价格，将会意味着什么？

（2）他们两人在那儿相遇会意味着什么，你自己明白。

（3）我在国内作曲忙得不得了，我有我的听众，假如到海外会像鱼失去了水。

（4）如此装束后，看上去就会像民国政府的科级干部。

（5）他们谁也不知道，谁也不会像我这样，揣摩着"芦花枕芯"是不是还有别的含义。

（6）你怎么会姓赵！

（7）搁"皇恩浩荡"那会儿，叶广芩绝不会到陕西来，也不会姓叶，她应姓叶赫那拉，辛亥革命把姓取了头一个字，改姓叶。

以上这几例中的情态动词"会"表达的都是认识情态，彭利贞（2007：180）认为，其情态意义表现为[盖然]推断，即说话人认定该静态事件具有[盖然]性，即极大的可能性，这几例中的主要动词"意味着""像""姓"都是典型的静态动词。

（二）与动态动词同现

动态动词分为动作动词和结果动词（戴耀晶，1997：15），而情态动词"会"与这类动词同现时可以表达认识情态。

1. 与动作动词同现

情态动词"会"与典型的动作动词同现时，可以表达认识情态 [盖然]。例如：

（8）招急了我，我会跺脚一跑，有钱，腿就会活动！

（9）我和你爹都不识字儿，可我们会问老师。

这两例中的"会"表达的都是 [盖然] 义，彭利贞（2007：198）认为，这两例中的主要动词"跺""跑""问"等动作不需要"会"表达的那种恒定的能力，这时的"会"只能表达认识情态意义。

2. 与结果动词同现

"会"在与结果动词同现时，可以表达认识情态 [盖然]。例如：

（10）不错，她会带过几辆车来。

（11）艾晚的证上写的是公共关系，他绝不会看错。

（12）蚯蚓会爬过我的脸，雨水会灌满我的耳朵……

这几例中的"会"表达的都是 [盖然] 义，彭利贞（2007：195-201）认为，根情态与动态语义特征具有天然的相容性，不过这几句中的主要动词"带过来""看错""爬过""灌满"等虽然都是结果动词，但由于"会"的 [盖然] 情态与将来时间的重合，所以这里的"会"表达的是认识情态。

二、与具有情状特征的构式同现

形式动词"进行、给以、加以、予以"组成的构式具有动态性的特征，跟这类构式同现，多义情态动词"会"可以表达认识情态 [盖然]。例如：

（13）我相信他这种无理要求任何人民法庭都不会予以主张。

（14）就是到了法院，我想法院也会先进行调解的。

这两例中的"会"表达的都是认识情态义，不过，彭利贞（2007：206）认为，这种认识情态很大的程度上带有向听话人保证的意味。

三、小结

多义情态动词"会"与静态动词、动态动词 / 构式同现时，都可以表达认识情态 [盖然] 义。

可以与表 [盖然] 的"会"同现的典型的静态动词主要有"意味着""像""姓"等，动态动词有动作动词和结果动词，动态构式为形式动词"进行、给以、加以、予以"等组成的构式。

17. 表示 [盖然] 的"会"与体、否定范畴同现时有哪些句法表现？

多义情态动词"会"与体、否定范畴同现时，都可以表达认识情态 [盖然]。

一、与体标记的句法限制

体是观察时间进程中事件构成的方式（戴耀晶，1997：5）。多义情态动词"会"与体系统中的完整体和非完整体同现时都可以表达认识情态。

（一）与完整体同现

多义情态动词 "会" 与完整体中的现实体、经历体和短时体同现时，都可以表达认识情态。

1. 与现实体标记 "了$_1$" 同现

"了$_1$" 是现实体标记，一般就是指放在动词后面的 "了"。情态动词 "会" 与 "了$_1$" 同现可以表达认识情态 [盖然]，而 "会" 所辖的事件可以是非未来的，也可以是未来的。

A. 非未来事件

彭利贞（2007：229）认为，非未来事件是指从绝对时的角度来看，在说话时刻之前或说话时刻的同时，该事件是实现了的。彭利贞（2007：230）还指出，当 "会" 与非未来的现实事件结合时，在语义表达上会出现所谓的 "反转" 现象，"会" 并非从正向来对事件现实性的 [盖然] 进行推断，而是从反向的角度来对事件的现实性进行怀疑角度的论断。换句话说就是，"会" 在这种句法环境中表达的是对非未来的现实事件真值的怀疑，在语用上常常带有惊诧的意味。例如：

（1）我心里说："要不然她怎么会跑了呢！"

（2）他怎么会受了重伤呢？

（3）他更没想到事情会弄到了这步田地。

（4）简直像些定时炸弹，谁知其中的哪一颗，会在哪一瞬突然要了徐一鸣的命。

以上这几句里的 "会" 表达的都是认识情态 [盖然]，这些例句中的 "了$_1$" 表达的都是现实事件，其中例（1）和例（3）表达的是 "在说话时刻之前"，而例（2）和例（4）表达的是在 "在说话时刻同时"。例（3）和例（4）中的 "没想到" 和 "谁知" 则加深了惊诧的意味。

B. 未来事件

彭利贞（2007：231）认为，未来事件是指从绝对时的角度来看，在说话时刻之后，该事件才可能实现。彭利贞（2007：231-232）还指出，当多义情态动词"会"管辖未来事件时，是对这些事件在未来时间内实现的 [盖然] 性的推论。例如：

（5）再在公园绕上三天，三个礼拜，甚至于三年，就会有了主意吗？

（6）唉，为了讨得一个英国国籍，竟然要吃这等苦，受这等罪，还要担惊受怕，弄得不好甚至会丢了性命，值得吗？

（7）也许我们等待十年八年，也没有什么传染病大流行，但也许就在忽然之间，它会冒了出来。

（8）留神我会害了你。

以上这几例中的"会"表达的都是认识情态。彭利贞（2007：231）认为，这些例句中的"了₁"所表达的都是在说话时刻之前未实现的事件，而要实现，也是说话时刻之后的事。

2. 与经历体同现

情态动词"会"与经历体"过"同现时，可以表达认识情态 [盖然]。例如：

（9）我会不会见过他呢？

（10）你会听说过的，她很有名。

（11）任何人都会有过这样两类不同的早期经历，它们的作用对不同的人往往有所不同。

（12）他怎么会吃过沙枣呢？

以上这几例中的"会"表达的都是认识情态，其中例（9）是由"会不会"构成的是非问句，而例（12）是反问句。彭利贞（2007：237）对此指出，表将来意义的"会"与经历体"过"同现时，句子常常也用非现实的语气来进行表达，表现在句式上常常是疑问句或否定句，表达说话人对命题较高程度的怀疑。彭利贞（2007：237）认为，例（10）和例（11）中的"会"表达了说话人对命题有很高的确信程度，甚至带有武断的意味。

3. 与短时体（动词重叠）同现

彭利贞（2007：274）指出，情态动词"会"的内在的将来时间意义与短时体的将来时间指向上的重合，使得"会"与短时体同现时有呈现认识情态 [盖然] 的可能。例如：

（13）他迟早会看看她公主式的傲慢到底是什么货色。

彭利贞（2007：274）认为，上面这句中的"会"表达的就是将来事件多半成真的一种 [盖然] 性推断。

（二）与非完整体同现

多义情态动词"会"与非完整体中的静态持续体、起始体和继续体同现时，都可以表达认识情态。

1. 与静态持续体同现

彭利贞（2007：242）认为，情态动词"会"与静态持续体"着₁"同现时表达认识情态 [盖然]，表示对"着₁"表达的静态持续事件的 [盖然] 推断，即认为这种静态持续事件在事实性上存在着比较大的可能性。例如：

（14）年过得热热闹闹，人就不会总想着老家了。

（15）在采取行动或评价他人的行动时会伴随着某种内心的体验。

（16）这样的傍晚，她会痴痴地望着远方的小路，等待自己出门在外的儿子。

（17）每天晚上到了买卖高潮的时候，摊子外面有时会拥着好些人。

上面这几例中的"会"表达的都是认识情态，彭利贞（2007：242）认为，例（14）和例（15）中的主要动词"想"和"伴随"都带有比较明显的静态性质，这些动词与体标记"着"一起表达的都是静态持续事件，而"会"则是对这些静态持续事件的事实性在 [盖然] 性上的推断。彭利贞（2007：242）还指出，例（16）和例（17）中的"会"表达的是 [习性][①]，是指说话人依据认识对象的某种"习性"对该事件进行 [盖然] 性的推断。

2. 与起始体同现

彭利贞（2007：255）认为，情态动词"会"与起始体"起来"同现时可以表达认识情态 [盖然]，而与其同现的主要谓词可以是非自主动词，也可以是自主动词，也就说主要谓词可以具有 [-自主] 特征或者 [+ 自主] 特征。

---

① 有关"会"的 [习性] 详见问题20。

A. [-自主] 特征

具有 [-自主] 特征的谓词在"会"与"起来"同现的句中出现时，"会"可以表达认识情态。例如：

（18）可惜这一切总是长不了，最多 48 个小时之后，罗潜又会渐渐地烦躁起来。

（19）但是那天晚上她没有这么说，说了以后我会告诉小舅，小舅会警觉起来——这是很后来的事了。

以上这两例中的"会"表达的都是 [盖然]。彭利贞（2007：256）指出，这两例中的主要谓词"烦躁"和"警觉"都具有非自主的特征，即不是主体的内在能力所能控制的。

B. [+ 自主] 特征

彭利贞（2007：256）认为，句中的主要谓词是自主动词，或者是事件有绝对的将来时间意义，与"会"的将来时间意义重合；或者是作为一种假定的情境，说话人对这种假定的情境在将来的出现进行 [盖然] 性推断；在这些情况下，"会"表达的都是认识情态。例如：

（20）如果不是在寂静的街头，大立说不定会喊起来。

（21）现在他们情绪处于激动状态，也许话里带刺儿，老于脾气冲，弄不好会吵起来。

彭利贞（2007：256）指出，这两句中的"会"表达的都是对将来或虚拟情境中的事件的 [盖然] 性推断，其中主要动词"喊"和"吵"都是自主动词。

3. 与继续体同现

情态动词"会"与继续体"下去"同现时，可以表达认识情态 [盖然]，而与其同现的主要谓词具有 [-自主] 特征或者 [+ 自主] 特征。

A. [-自主] 特征

具有 [-自主] 特征的谓词在"会"与"下去"同现的句中出现时，"会"可以表达 [盖然] 义。例如：

（22）他会死，可是他的子子孙孙会永远活下去。

（23）他会一直输下去，直到把生命一条一块一疙瘩地赌到底。

（24）我告诉他，这是我的外祖母，我与她相像，注定还会相像下去，直到老，直到死，直到拍遗照。

以上这几例中的情态动词"会"表达的都是认识情态，彭利贞（2007：266）指出，这些例句中的主要谓词"活""输"和"相像"都具有 [-自主] 特征，都不是主体的内在能力所能控制的。

B. [+ 自主] 特征

彭利贞（2007：266）认为，句中的主要谓词是自主动词，或者是事件有绝对的将来时间意义，与"会"的将来时间意义重合；或者是作为一种假定的情境，说话人对这种假定的情境在将来的出现进行 [盖然] 性推断；在这些情况下，"会"表达的都是认识情态。例如：

（25）贾里知道，自己干了件傻事，爸爸这人很固执，会追究下去。

（26）唉，既吵开了头，谁又保险不会永远吵下去？

（27）如若奶奶不愿借钱给我们，就买不起房，只有四处流浪，婚期就会无限期地拖下去。

（28）要是那个地方风景优美，我们就会一直待下去，是不是呀？

以上这几例中的"会"表达的都是 [盖然] 义，彭利贞（2007：267）指出，这些例句中的主要谓词"追究""吵""拖""待"都是自主动词，其中"吵"和"拖"还具有 [+ 消极] 的意义；此外，"下去"的体意义具有非完整的特征（戴耀晶，1997：101），是一种变化的动态，与"会"表达的恒定的 [能力] 意义存在语义冲突。另外，"会"有非过去的时间意义，在这些句子中，与"下去"的非过去意义存在契合。彭利贞（2007：267）还指出，从句法上来看，这些"会"所在的小句都具有虚拟的特征，比如例（27）和例（28）表达的都是假设条件下的结果。

二、与否定范畴同现

"否定"在认知的概念结构中与"肯定"概念相对，它的标记是"不"和"没"。彭利贞（2007：315-317）认为，情态否定有外部否定、内部否定和双重否定三种方式，其中外部否定（例如"她不可能在办公室"）是对情态的否定；而内部否定（例如"她可能不在办公室"）是对命题的否定；双重否定是外部否定与内部否定的结合体，主要有"不 M 不、不 M 没、没 M 不"等形式。彭利贞（2007：319）指出，否定在多义情态动词的情态语义解读中有一定的作用，而多义情态动词"会"与否定标记同现可以表达认识情态。

（一）与内部否定同现

彭利贞（2007：246-347）指出，内部否定"没"是对命题的否定，出现在情态动词的后面，主要有两种：第一种是对"有"的否定；第二种是对现实体"了"、经历体"过"、持续体"着"的否定。其中对现实体"了"否定时，"了"不再出现；而对体标记"过""着"否定时，"过""着"却需要保留。

多义情态动词"会"与内部否定"没"同现时，可以表达认识情态。

1. 与"有"的否定同现

与"有"的否定形式"没有"同现时，多义情态动词"会"可以表达认识情态。例如：

（29）她的北平变了样子：过端阳节会没有樱桃，桑葚，与粽子！

（30）本单位孩子都收不了，招外单位的大家会没有意见？

（31）堂堂的冠晓荷会没了住处！

以上这几例中的"会"表达的都是 [盖然] 义，例（30）是反问句的形式，而例（29）和例（31）则都具有反问的意味，但是这些例句的反问语气都有极大的怀疑意味。

2. 与体（主要是现实体①）的否定同现

与体的否定形式"没"同现时，情态动词"会"可以表达认识情态 [盖然] 义。例如：

（32）真的，会没想到这一层！

---

① 详见问题4的相关论述。

（33）乃文怎么会没告诉她呢？

（34）咱们都替你悬着心呢，你会没觉出什么？

以上这几例中的"会"表达的都是认识情态，例（32）具有反问的意味，而例（33）和例（34）都是反问句的形式，但是这些例句的反问语气也都有着极大的怀疑意味。由此可以看出，与"会"同现的"有"的否定和体的否定有较大的同一性。

（二）与双重否定同现

彭利贞（2007：354-364）指出，当"X"是情态动词，则"不X不"是双重否定形式，例如"不能不""不会不""不应该不"；而"不X没"的前后都有否定标记，也属于双重否定格式。多义情态动词"会"在双重否定形式"不会不"①和"不会没"中都可以表达认识情态义。此外，情态动词"会"与"有"的否定和体的否定同现时也都表达 [盖然]。例如：

（35）这一声绝对不会没有意义。

（36）她大概也不会没告诉您吧？

（37）对米卢来说，不会没有压力。

（38）马大哥大概不会没想到这一层，哼，想到了可是不明告诉我，故意来叫我碰钉子。

以上这几例中的"会"表达的都是认识情态，彭利贞（2007：367）指出，例（35）和例（37）中的"没"都是对表"存在"的"有"的否定；而例（36）和例（38）中的"没"表示事件没有实现，即对体的否定。

三、小结

多义情态动词"会"与体和否定范畴同现时，都可以表达认识情态义。可以与表 [盖然] 的"会"同现的体主要有完整体中的现实体"了₁"、经历体"过"和短时体动词重叠以及非完整体中的静态持续体"着₁"、起始体"起来"和继

---

① 双重否定形式"不会不"可以表达认识情态 [必然]。详见问题26的相关论述。

续体"下去"。双重否定格式"不会不"表示认识情态 [必然] 义，而"不会没"中的"会"表达的是认识情态 [盖然] 义。

18. "会"与具有情状特征的动词/构式、体同现时可以表达哪些情态义？

动词的情状类型、体范畴、否定范畴、情态动词之间的连用限制、主语的语义特征等语法范畴都会对现代汉语多义情态动词的解释产生直接影响。下面我们就不同情状特点的动词或构式以及体与多义情态动词"会"的互动关系及其对"会"的语义解读的影响进行探讨。

一、与情状的互动关系

情状是指动词表达的某种状态和方式（戴耀晶，1997：9），主要有静态、活动、完结、达成四种形式（Vendler，1967）。不同情状特点的动词或构式对多义情态动词的情态解读具有决定性作用。

（一）与具有不同情状特征的动词同现

多义情态动词的语义解释会受到情状的动态或静态的直接影响。情态动词"会"可以与具有情状特征的静态动词和动态动词同现。

1. 与静态动词同现

情态动词与典型的静态动词同现时一般表达认识情态。彭利贞（2007：178）指出，静态情状与认识情态在认知结构上有一种自然的融合：具有静态情状的动词或构式表达静态事件，对于静态事件，因为事件内部的均质特征，人们一般无意、无力或无责去改变它们，而倾向于去对它们的真实性或事实性进行各种程度上的判定。表现在句法形式上就是，典型的静态动词在没有语言外部力量改变其静态情状特征时，只与表认识情态的情态动词同现，而拒绝与只表根情态的情态动词同现，而与多义情态动词同现时，则使得情态动词获得认识情态的解读。

多义情态动词"会"与典型的静态动词"意味着""像""姓"等同现时，都可以表达认识情态［盖然］义。例如：

（1）他们两人在那儿相遇会意味着什么，你自己明白。

（2）他们谁也不知道，谁也不会像我这样，揣摩着"芦花枕芯"是不是还有别的含义。

（3）你怎么会姓赵！

以上这几例中的情态动词"会"表达的都是认识情态。彭利贞（2007：180）认为，其情态意义表现为［盖然］推断，即说话人认定该静态事件具有［盖然］性，即极大的可能性。

2. 与动态动词同现

动态动词分为动作动词和结果动词（戴耀晶，1997：15），而情态动词"会"可以与这类动词同现。

A. 与动作动词同现

情态动词"会"与典型的动作动词同现时，可以表达动力情态［能力］和认识情态［盖然］。例如：

（4）所以他会玩鸽子，能走马。

（5）幸亏我还会画画儿。

（6）我和你爹都不识字儿，可我们会问老师。

（7）招急了我，我会跺脚一跑，有钱，腿就会活动！

以上这几个例句中的主要动词"玩、画、问、跺、跑"都是典型的动作动词。例（4）和例（5）中的情态动词"会"表达的都是［能力］义，表示句子的主语有某种［能力］，而例（6）和例（7）中的"会"表达的都是［盖然］义。

B. 与结果动词同现

"会"与结果动词同现时，可以表达认识情态［盖然］。例如：

（8）蚯蚓会爬过我的脸，雨水会灌满我的耳朵……

（9）不错，她会带过几辆车来。

这两例中的"会"表达的都是［盖然］义，彭利贞（2007：195-201）认为，根情态与动态语义特征具有天然的相容性，不过这两句中的主要动词"爬过""灌满""带过来"尽管都是结果动词，但由于"会"的 [盖然] 情态与将来时间的重合，所以这里的"会"表达的是认识情态。

（二）与具有情状特征的构式同现

形式动词"进行、给以、加以、予以"组成的构式具有动态性的特征，多义情态动词"会"跟这类构式同现，可以表达认识情态 [盖然]。例如：

（10）就是到了法院，我想法院也会先进行调解的。

（11）我相信他这种无理要求任何人民法庭都不会予以主张。

这两例中的"会"表达的都是认识情态义。

二、与体同现的句法限制

体是观察时间进程中事件构成的方式（戴耀晶，1997：5）。多义情态动词"会"与体系统中的完整体和非完整体具有同现限制关系。

（一）与完整体同现

多义情态动词"会"可以与完整体中的现实体、经历体和短时体同现。

1. 与现实体"了₁"同现

"了₁"是现实体标记，通常是指放在动词后面的"了"。情态动词"会"与"了₁"同现可以表达认识情态 [盖然]，而"会"所辖的事件可以是未来的，也可以是非未来的。例如：

（12）留神我会害了你。

（13）我心里说："要不然她怎么会跑了呢！"

（14）刘四爷更没想到事情会弄到了这步田地。

以上这几例中的"会"表达的都是认识情态，彭利贞（2007：231-232）指出，例（12）中的多义情态动词"会"所管辖的是未来事件，是对这些事件在未来时间内实现的 [盖然] 性推论，而该句中的"了₁"所表达的是在说话时刻之前都未实现的事件，而要实现，也是说话时刻之后的事。彭利贞（2007：231-232）还认为，例（13）和例（14）中的"了₁"表达的都是现实事件，也就是非未来事件，即从绝对时的角度来看，在说话时刻之前或说话时刻的同时，该事件是实现了的。因此，彭利贞指出，"会"在这种句法环境中表达的是对非将来现实事件真值的怀疑，而在语用上通常会带有惊诧的意味。比如例（13），而例（14）中的"没想到"则加深了惊诧的意味。

2. 与经历体同现

多义情态动词"会"与经历体"过"同现时可以表达认识情态 [盖然]。例如：

（15）任何人都会有过这样两类不同的早期经历，它们的作用对不同的人往往有所不同。

（16）我会不会见过他呢？

以上这两例中的"会"表达的都是认识情态，彭利贞（2007：237）认为，例（15）中的"会"表达了说话人对命题有很高的确信程度，甚至带有武断的意味。例（16）是由"会不会"构成的是非问句。彭利贞（2007：237）对此指出，表将来意义的"会"与经历体"过"同现时，句子常常也用非现实的语气来进行表达，表现在句式上常常是疑问句或否定句。

3. 与短时体同现

多义情态动词"会"与短时体动词重叠同现时可以表达动力情态 [能力] 和认识情态 [盖然]。例如：

（17）及至把它们拉起来，他弄不清哪儿是哪儿了，天是那么黑，心中是那么急，即使他会看看星，调一调方向，他也不敢从容的去这么办。

（18）他迟早会看看她公主式的傲慢到底是什么货色。

例（17）中的情态动词"会"表达的是 [能力] 义，义为主语有"看看星，调一调方向"的能力（彭利贞，2007：274）。例（18）中的"会"表达的是 [盖然] 义，彭利贞（2007：274）认为，情态动词"会"的内在的将来时间意义与短时体的将来时间指向上的重合，使得"会"与短时体同现时有呈现认识情态 [盖然] 的可能。

（二）与非完整体同现

多义情态动词"会"与非完整体中的静态持续体、起始体和继续体同现时都可以表达认识情态。

1. 与静态持续体同现

彭利贞（2007：242）认为，情态动词"会"与静态持续体"着₁"同现时表达认识情态 [盖然]，表示对"着₁"表达的静态持续事件的 [盖然] 推断，即认为这种静态持续事件在事实性上存在着比较大的可能性。例如：

（19）在采取行动或评价他人的行动时会伴随着某种内心的体验。

（20）每天晚上到了买卖高潮的时候，摊子外面有时会拥着好些人。

上面这两例中的"会"表达的都是认识情态，彭利贞（2007：242）认为，例（19）中的主要动词"伴随"带有比较明显的静态性质，这类动词与体标记"着"一起表达的都是静态持续事件，而"会"则是对这些静态持续事件的事实性在 [盖然] 性上的推断。彭利贞（2007：242）还指出，例（20）中的"会"表达的是 [习性]，是指说话人依据认识对象的某种"习性"对该事件进行 [盖然] 性的推断。

2. 与起始体同现

情态动词"会"与起始体"起来"同现时可以表达认识情态 [盖然]，而与其同现的主要谓词可以是非自主动词，也可以是自主动词，也就说主要谓词可以具有 [-自主] 特征或者 [+ 自主] 特征。例如：

（21）但是那天晚上她没有这么说，说了以后我会告诉小舅，小舅会警觉起来——这是很后来的事了。

（22）现在他们情绪处于激动状态，也许话里带刺儿，老于脾气冲，弄不好会吵起来。

以上这两例中的"会"表达的都是 [盖然] 义，彭利贞（2007：256）指出，例（21）中的主要谓词"警觉"具有非自主的特征，即不是主体的内在能力所能控制的。例（22）中的"会"表达的是对将来或虚拟情境中的事件的 [盖然] 性推断，主要动词"吵"是自主动词。

3. 与继续体同现

情态动词"会"与继续体"下去"同现时可以表达认识情态 [盖然]，而与其同现的主要谓词可以具有 [-自主] 特征或者 [+ 自主] 特征。例如：

（23）他会死，可是他的子子孙孙会永远活下去。

（24）她有一次想到，就是没有条件，"他"也会一直一直努力下去吧？

（25）唉，既吵开了头，谁又保险不会永远吵下去？

以上这几例中的情态动词"会"表达的都是认识情态，彭利贞（2007：266）指出，例（23）中的主要谓词"活"具有 [-自主] 特征，不是主体的内在能力所能控制的。例（24）和例（25）中的主要谓词"努力"和"吵"都是自主动词，其中"吵"还具有 [+ 消极] 的意义；此外，"下去"的体意义具有非完整的特征（戴耀晶，1997：101），是一种变化的动态，与"会"表达的恒定的 [能力] 意义存在语义冲突。另外，"会"有非过去的时间意义，在这些句子中，与"下去"的非过去意义存在契合。从句法上来看，这些"会"所在的小句都具有虚拟的特征，比如例（24）的"想到"。

三、小结

多义情态动词"会"与具有不同情状特点的动词或构式、体同现时，都可以表达认识情态 [盖然] 义或动力情态 [能力] 义。

"会"可以与静态动词和动态动词同现。与典型的静态动词"意味着""像""姓"同现时，"会"可以表认识情态 [盖然]。"会"可以与动态动词中典型的动作动词和结果动词同现。"会"与典型的动作动词同现时可以表达动力情态 [能力] 和认识情态 [盖然]。"会"与结果动词同现时可以表达认识情态 [盖然]。"会"与形式动词"进行、给以、加以、予以"组成的动态构式同现时，表达认识情态 [盖然]。

多义情态动词"会"可以与体系统中的完整体和非完整体同现。"会"可以与完整体中的现实体"了₁"、经历体"过"和短时体动词重叠同现。"会"与现实体"了₁"同现可以表达认识情态 [盖然]，而"会"所辖的事件可以是未来的或者非未来的。"会"与经历体"过"同现时也表达认识情态 [盖然]。"会"与短时体动词重叠同现时可以表达动力情态 [能力] 和认识情态 [盖然]。"会"与非完整体中的静态持续体"着₁"、起始体"起来"和继续体"下去"同现都可以表达认识情态 [盖然]。

19. "会"与了₂、否定范畴同现时
可以表达哪些情态义?

动词的情状类型、体范畴、否定范畴、情态动词之间的连用限制、主语的语义特征等语法范畴都会对现代汉语多义情态动词的解释产生直接影响。下面我们就"了₂"、否定范畴与多义情态动词"会"的同现关系进行探讨。

一、与"了₂"的同现关系

情态动词"会"与"了₂"同现时,可以表达动力情态 [能力]。这里所说的"了₂",即一般所说的表示出现了某种新变化、出现在句尾的"了"。例如:

(1)嗯,因为它已经不会飞了!

(2)他已经会学简单的话了。

上面这两例中的"会"表达的都是 [能力] 义,其中例(1)中"会"的否定形式"不会"义为没有"飞"的能力,而例(2)中的"会"义为有能力"学简单的话"。

二、与否定范畴的同现限制

"否定"在认知的概念结构中与"肯定"概念相对,它的标记是"不"和"没"。彭利贞(2007:315-317)认为,情态否定有外部否定、内部否定和双重否定三种方式,其中外部否定(例如"她不可能在办公室")是对情态的否定,而内部否定(例如"她可能不在办公室")是对命题的否定;双重否定是外部否定与内部否定的结合体,主要有"不 M 不、不 M 没、没 M 不"等形式。彭利贞(2007:319)指出,否定在多义情态动词的情态语义解读中有一定的作用,而多义情态动词"会"与否定标记同现可以表达认识情态。

（一）与内部否定同现

彭利贞（2007：246-347）指出，内部否定"没"是对命题的否定，出现在情态动词的后面，主要有两种：第一种是对"有"的否定；第二种是对现实体"了"、经历体"过"、持续体"着"的否定。其中对现实体"了"进行否定时，"了"不再出现；而对体标记"过""着"进行否定时，"过""着"却需要保留。

多义情态动词"会"与内部否定"没"同现时，可以表达认识情态。例如：

（3）堂堂的冠晓荷会没有了住处！

（4）咱们都替你悬着心呢，你会没觉出什么？

以上这两例中的"会"表达的都是［盖然］义，例（3）中的"没"是"有"的否定形式，该句具有反问的意味，有极大的怀疑意味；而例（4）中的"没"是体的否定形式，该句是反问句的形式，也有极大的怀疑意味。由此可以看出，与"会"同现的"有"的否定和体的否定有较大的同一性。

（二）与双重否定同现

彭利贞（2007：354-364）指出，当"X"是情态动词，则"不X不"也是双重否定形式，例如"不能不""不会不""不应该不"；而"不X没"的前后都有否定标记，也属于双重否定格式。"会"在双重否定形式"不会不"和"不会没"中都可以表达认识情态义。此外，情态动词"会"与"有"的否定或体的否定同现时也都表达［盖然］义。例如：

（5）这一声绝对不会没有意义。

（6）马大哥大概不会没想到这一层，哼，想到了可是不明告诉我，故意来叫我碰钉子。

以上这两例中的"会"表达的都是认识情态［盖然］义，例（5）中的"没"是对表"存在"的"有"的否定；而例（6）中的"没"是表示事件的没有实现，即对体的否定。

三、小结

多义情态动词"会"与了$_2$、否定范畴同现时，都可以表达认识情态[盖然]义或动力情态[能力]义。

情态动词"会"与"了$_2$"同现表达动力情态[能力]。多义情态动词"会"还可以与内部否定和双重否定同现。与内部否定"没"同现时，"会没"中的"会"表达认识情态[盖然]义，其中"会"与"有"的否定"没有"和体的否定"没"同现时都表达认识情态[盖然]义。"会"的双重否定形式"不会不"表示认识情态[必然]义，而"不会没"中的"会"表达的是认识情态[盖然]义。

20. "会"表示的"习性"是什么?

在讨论"会"表达的"习性"是什么之前，我们先来看看什么是"习性"以及"习性"有哪些类型。

一、什么是"习性"?

在体系统中，习性是指情状的内部时间结构；而在情态中，习性涵盖了对真实世界有限观察的归纳和对可能世界[1]的概括（彭利贞，2007：74）。习性处于体系统与语气[2]系统的边界，而习性事件可以发生在任何时间（Comrie，1985：39-41）。

---

① 彭利贞（2007：69）指出，在任一个时点上，存在一个现实世界，则同时也存在很多可能存在的其他世界。如果一个事件属于那个真实世界，那么它是现实的；否则，该事件就属于某个其他可能世界。

② 彭利贞（2007：65）指出，语气是语法形式范畴，只是表达情态的众多手段中的一种。Dirven、Verspoor（1998：79-102）指出，句子像一个由事件图式（event schema）和背景成分（grounding elements）组成的洋葱（sentence onion），其中，事件图式在洋葱的内部，而背景成分由内到外依次是体、时态、情态和语气。

彭利贞（2007：74）指出，按照 Givon（1994：270）的说法，在现实情态^①的范围内，名词短语必须解释为有指（有定），而在非现实情态的辖域内，名词短语可以解释为无指（或无定）。Givon 以此解释英语的不定冠词 a。

（1）a. He bought a new car.（现实断言：名词短语 a new car 有指）

　　b. He may buy a new car.（非现实断言：名词短语 a new car 无指）

　　c. He buys a new car every year.（习惯：名词短语 a new car 有指 / 无指）

从上面的例句可以看出（1a）中的名词短语"a new car"是"现实"的，（1b）中的名词短语"a new car"是"非现实"的，而（1c）中的名词短语"a new car"却既具有现实的特征也有非现实的特征（Givon，1994）。正是因为习性有这种混合功能的特征，有些语言把它归入现实范畴，而另一些语言则把它归入非现实范畴。

二、习性的种类

习性主要有自然规律和习惯两种。

（一）自然规律

自然规律是指一类事件的普遍规律，其发生不受时间限制，永远是真的事件，因此这类句子的名词短语用来指称某"类"事物。例如：

（2）蜜蜂酿蜜。

（3）水在零度结冰。

"蜜蜂酿蜜"和"水在零度结冰"都是自然规律。彭利贞（2007：75）指出，

---

① 彭利贞（2007：67）指出，处于现实世界中的事件被评价为现实（actual）并在形态上限定为现实（realis），而处于其他可能世界的事件则被定义为非现实（non-actual），并在语言中编码为非现实（irrealis）。在情态系统中，现实只表达对事实情境的简单陈述，而非现实则包含范围很宽的非现实情境，如将来、可能性、假设、怀疑、推论、义务，等等。彭利贞（2007：68）还指出，现实事件是指事件已经发生或正在发生。这种现实世界中的事件被称为现实事件。存在于与现实世界相对的许多可能世界中的事件则是非现实事件，比如可能的、假设的、反事实的、希望的、命令的，等等，都是处于非现实世界这一领域的可能情状。彭利贞（2007：79）在 Palmer（1979：43）和 Tsang（1981：12-13）的研究基础上指出，情态句是非现实的，而非情态句是现实的，因为非情态句一般表达的是一个事实断言，而情态句即使表达的可能性达到100%，即从可能世界的角度来看，句子表达的命题在所有的可能世界都为真，这个句子表达的命题或事件依然是非现实的。

上面这两句中的"蜜蜂"和"水"都指一类事物，而不是某一特定的个体，在时间上也指任何时间，而不是指某个特定的时间阶段。也就是说，这种句子表达的事件总是真的，它可以处于时间轴的任何一个点。

（二）习惯

习惯指的是具有个体特点的行为（彭利贞，2007：75）。彭利贞（2007：75）指出，这种个体的习惯是指在一段时间之内都存在的一组行为，或者说是一组行为的集合，而不是特定时间之内的特别的行为。彭利贞（2007：75）还指出，在英语里，"will"和它的过去式"would"常表达这种习惯意义，而汉语则用一些表达时间意义的词语来凸显这种习惯意义，例如"通常""总是""老是"等。

（4）She **would** go shopping on weekend.（她周末会去买东西。）

（5）（通常，）她周末九点起床。

上面这两例表达的都是某种习惯，其中例（4）表达的是"周末去买东西"是她平时的"习惯"，而例（5）则使用了"通常"来凸显"周末九点起床"是她的"习惯"。

三、"会"的"习性"用法

（一）"会"的［习性］义

彭利贞（2007：242）认为，"会"的［习性］义仍然是"会"的认识情态［盖然］，也就是说话人依据认识对象的某种习性对该事件进行［盖然］性的推断。例如：

（6）水到100度会开。

（7）秋天叶子会黄。

（8）每天晚上到了买卖高潮的时候，摊子外面有时会拥着好些人。

（9）这样的傍晚，她会痴痴地望着远方的小路，等待自己出门在外的儿子。

上面这几例中的"会"表达的都是某种习性。其中例（6）和例（7）表达的是自然规律，而根据这样的自然规律就可以推断出"水到100度就沸腾了"和"到了秋天，叶子就变成黄色了"。例（8）和例（9）表达的则都是某种习惯，其中例（8）根据"每天晚上到了买卖高潮"的情况就可以推测出"摊子外面将有很多人"，而例（9）也是依据往常"这样的傍晚"的情形就可以推断出"她将痴痴地望着远方的小路，等待自己出门在外的儿子"。因此，我们可以看出，"会"表达的这种 [习性] 义是认识情态的 [盖然] 义。

（二）"会"的 [习性] 与 [盖然]

情态动词"会"的 [习性] 义表达的也是认识情态 [盖然]。那么"会"的这种 [习性] 义与"会"的一般的 [盖然] 义有什么不同？我们来对比一下上文例（6）、例（9）与下面的例（10）。

（10）这一声绝对不会没有意义。

例（6）和例（9）中的"会"都是根据"习性"而做出某种 [盖然] 性的推断。例（10）中的"不会没"是用"会"的双重否定形式表达肯定义，也就是说言者主观上推断"这一声应该是有意义的"。

由此可以看出，"会"的 [习性] 义是根据自然规律或者习惯对某事做出 [盖然] 性的推断，而"会"的一般的认识情态 [盖然] 义则只是表达说话人主观上的一种推测。

四、小结

在体系统中，习性是指情状的内部时间结构；而在情态中，习性涵盖了对真实世界有限观察的归纳和对可能世界的概括（彭利贞，2007：74）。习性既具有现实的特征，也有非现实的特征（Givon，1994）。习性主要有自然规律和习惯两种。

"会"的 [习性] 义属于认识情态 [盖然] 义。"会"的 [习性] 义是根据自然规律或者习惯对某事做出 [盖然] 性的推断，而"会"的认识情态 [盖然] 义则只是表达说话人主观上的一种推测。

21. "会"表示的"可能性"有多大?

我们将先讨论什么是认识情态以及认识情态的语义特征,然后再探讨"会"的认识情态及其可能性的强度。

一、认识情态的语义特征

Lyons（1977：787-849）指出,情态是言者主观态度和观点的语法表达形式或那些具有主观性特征的语句,是非事实性的。彭利贞（2007：79）结合 Palmer（1979：43）和 Tsang（1981：12-13）的研究指出,情态句是非现实的,而非情态句是现实的,因为非情态句一般表达的是一个事实断言,而情态句即使表达的可能性达到 100%,即从可能世界的角度来看,句子表达的命题在所有的可能世界都为真,这个句子表达的命题或事件依然是非现实的。

Sweetser（1990：49）把情态分成了根情态和认识情态:根情态是现实世界中的义务、许可、能力,而认识情态则是推理中的必然性、盖然性、可能性。认识情态是说话人对命题为真的可能性与必然性的看法或态度,或者说,它表达说话人对一个情境出现的可能性的判断,也可以说是说话人的心理状态,即他对有关情境的事实性信念的确定性（彭利贞,2007：42）。

Palmer（2001：24）认为,认识情态可以表达推测、推断、假设三种判断。由此可以得出可能的结论、唯一可能的结论、合理的结论（彭利贞,2007：43）。彭利贞（2007：159）认为,现代汉语的情态动词表达的认识情态主要有三种不同等级的语义特征,即 [必然][盖然][可能],与 [必然] 相应的语用意义是 [推定] 或 [假定],与 [盖然] 相应的是 [推断],与 [可能] 相应的是 [推测]。彭利贞（2007：39）还指出,认识情态内部存在等级差别,有强弱之分,形成"不可能—可能—盖然—必然"的连续体。例如:

（1）小姜不可能在学校。（不可能）

（2）小姜可能在学校。（可能）

（3）小姜会在学校。（盖然）

（4）小姜一定在学校。（必然）

例（1）是说话人知道小姜已经出国了，他在学校是没有可能的。例（2）中的言者对于小姜是否在校并不是太确定。例（3）表达的是根据言者的了解，小姜这个时候应该是在学校的。例（4）表达的是说话人看到小姜的车推定他肯定在学校。

彭利贞（2007：160）根据情态动词的语义特征及其相应的语用特征归纳出现代汉语情态动词表达的情态语义系统，其中的认识情态部分见表21-1。

表21-1　现代汉语情态动词表达的认识情态语义系统

语义	语用及用词
[必然]	[推定]必然、肯定、一定、准、得（děi）、要
	[假定]要
[盖然]	[推断]会、应该（应当、应、该、当）
[可能]	[推测]可能、能（能够）

二、"会"的认识情态

彭利贞（2007：144-159）认为，现代汉语情态动词表达的认识情态由强到弱依次是[必然]>[盖然]>[可能]，而表认识情态的"会"是一种极高的可能性，是介于[可能]与[必然]之间的[盖然]。例如：

（5）他会不会找个没人的地方……我的意思是，他会不会把你妈给扔了？

（6）他没想到自己会如此镇静。

（7）现在他不会在家里。

（8）他怎么会肯附递呢？

彭利贞（2007：144）认为，上面这几例中的"会"表达的都是认识情态[盖然]，即说话人推测事件的事实性或成为事实的可能性极高。

三、小结

情态是言者主观态度和观点的语法表达形式或那些具有主观性特征的语句，

是非事实性的。

认识情态是说话人的心理状态，即他对有关情境的事实性信念的确定性。（彭利贞，2007：42）

现代汉语情态动词表达的认识情态由强到弱依次是 [必然]>[盖然]>[可能]，而表认识情态的"会"是一种极高的可能性，是介于 [可能] 与 [必然] 之间的 [盖然]。（彭利贞，2007：144-159）

22. "会汉语"和"会说汉语"一样吗？

张斌（1982：8）认为，"会"在"他会普通话"和"他会说普通话"中都是动词，而以能不能带名词性成分来区分动词"会"和助动词"会"是值得重新考虑的。从"会"的语义演变来说，这两种"会"是有区别的。此外，从学习的角度来说，"会"的两种用法也有区分的必要。

蒋绍愚（2007：2-7）认为，在《朱子语类》之前，"会"的意思是"知晓"，主要做动词，可以跟体词宾语或谓词宾语；而助动词①"会"的后面只能是谓词，这样的用法那时很少。蒋绍愚（2007：2-7）还认为，表"能够"的助动词"会"是由动词"会"演变而来的；动词"会"的意思是"懂得"，表示具有"知"的能力，而助动词"会"表达的是具有"行"的能力。

一、动词"会"

吕叔湘（1999：278）指出，"会"有动词和助动词两种用法，做动词的"会"意思是"熟习、通晓"，后面跟名词宾语。张志公（1958：141）认为，动词"会"还可以放在动词后头表结果。例如：

（1）他会汉语。

（2）你会什么？

---

① "助动词"也就是本书所说的"情态动词"。

（3）在斗争前线上的人总会学会一切的……

从上面这几句可以看出，动词"会"的后面可以跟名词"汉语"、疑问代词"什么"和指示代词"一切"，分别义为通晓"汉语"、通晓"什么"和熟习"一切"。例（3）中的第一个"会"是情态动词，而第二个"会"是动词，是动词"学"的结果补语。

二、情态动词"会"

彭利贞（2007：141）将吕叔湘（1999）提及的情态动词"会"表达的"懂得怎样做或有能力做某事"和"善于做某事"都归入动力情态 [能力] 义中。例如：

（4）他会说汉语。

（5）你会不会唱这个歌？——会。

（6）以前他不怎么会说普通话，现在会（说）了。

以上这几句中的情态动词"会"用在主要动词"说、唱"的前面，表达的都是能够做某事，即动力情态 [能力]。

三、小结

"会汉语"和"会说汉语"的意思和用法都不太一样。

"会汉语"中的"会"是动词，后面可以跟名词、指示代词、疑问代词，意思是"熟习、通晓"，还可以放在动词后做补语。

"会说汉语"中的"会"是情态动词，后面只能跟谓词，意思是能做某事，表达的是动力情态 [能力]。表"能够"的情态动词"会"是由动词"会"演变而来的（蒋绍愚，2007：2-7）。

23. "是不是会"① 和 "会不会" 一样吗?

"是不是会"和"会不会"这两种正反问形式有何异同? 让我们先来看看正反问形式有哪些格式和特点。

一、"X不X"正反问

黄伯荣、廖序东（2011：102）指出，正反问也叫反复问②，这样的问句是由单句谓语中的肯定形式和否定形式并列的格式构成的，主要有三种形式③：V不V（来不来）；V不（来不）；附加问（在陈述句后加上"是不是、行不行、好不好"等形式）。

黄伯荣、廖序东（2011：102）还指出，正反问不能带"吗"，但是可以带"呢、啊"等语气词。例如：

（1）这个人老实不老实?

（2）你看看这个人厉害不厉害?

（3）我只学了两个月汉语就当翻译，你想想，我的困难大不大?

（4）客人吃不吃晚饭呢?

（5）你是不是哪儿不舒服了?

（6）你愿意不愿意去?

（7）要是让牧主知道了，你还想活不想活?

（8）明天他来不?

---

① 吕叔湘（1999：503）认为，"是不是"是副词，主要出现在问句和宾语小句或者主语小句（全句不是问句）中，它的后面也可以跟名词性成分，例如"是不是他"。"他是不是也来参加?""是不是他也来参加?""这个结论是不是有科学依据呢?"都是问句，而"我不知道他是不是同意我们的意见""这个意见是不是正确，还需要通过实践来检验"都不是问句。

② 朱德熙（1982：203）认为，把谓语的肯定形式和否定形式并列在一起作为选择的项目，属于一种特殊的选择问句，也可以叫作反复问句。

③ 黄伯荣、廖序东（2011：102）将"你见过长城没有?"也认定为正反问形式。吕叔湘（1999：383）认为，这类句子中的"没有"是副词，表示否定动词或状态已经发生，可以组成两种形式的问句，即"反问句"（没有/没+动/形+吗）和"单纯提问，不做推测"（动/形+没有）。因此，吕叔湘（1999：383）认为，"去了没有? 看见没有? |讨论没有? |衣服干了没有?"中的"没有"都属于"单纯提问"。

（9）今天开会不开（呢）？ ①

（10）他当过30年中学教师，是不是？

（11）是不是？我没猜错吧。他一去问题就解决了。

从上面这些例句可以看出，正反问形式"X不X"中的"X"可以是形容词，如例（1）～（3）中的"老实不老实""厉害不厉害""大不大"；也可以是动词，如例（4）中的"吃不吃"；还可以是副词，如例（5）中的"是不是"；也可以是情态动词，如例（6）和例（7）中的"愿意不愿意""想活不想活"。例（1）～（7）属于正反问的第一种格式，即"X不X"；而例（8）和例（9）是正反问的省略式；例（10）是正反问的第三种格式，即附加问，也就是在陈述句"他当过30年中学教师"后再附加"是不是"进行提问；例（11）中的"是不是"是单独提问。刘月华等（2001：801-802）指出，例（2）和例（3）正反问表达的是"肯定"义，强调确实如此或一定如此，有说服对方或希望对方也能有同感的意思，在这类句子的句首经常可以看到如"看、你看、你说、你想"这样的词。刘月华等（2001：801-802）还指出，例（7）强调的是"否定"，句中常有"还"。刘月华等（2001：801-802）认为，"是不是"通常不出现在句子中间，它通常强调的是肯定，意思是所提到的事实是在意料之中的，如例（5）、例（10）和例（11）。

汤廷池（1988：234-235）认为，用于正反问句是助动词的句法功能之一。陶炼（1995：249、255）指出，助动词内部差异性多于一致性，个性强于共性，但是助动词作为一个统一的词类，其共性不在于其语法特点，而在于助动词在句中的独特作用，在于助动词句的独特句子构造。陶炼（1995：249）还指出，并不是所有的助动词都可以通过正反重叠表示疑问，例如"应、得（dé）、必、须、必须"等都无法用正反重叠的形式表示疑问；表必要的"要"可以形成正反问，而表可能的"要"则不可以。

---

① 朱德熙（1982：203）认为，如果一个陈述句的谓语部分是述宾结构，它的正反问句主要有"VO不VO（开会不开会）""VO不V（开会不开）""V不VO（开不开会）"三种形式，后两种形式更为常用。

二、"是不是会"和"会不会"的异同

情态动词"会"主要有动力情态 [能力] 和认识情态 [盖然] 两种情态（彭利贞，2007：160）。"是不是会"和"会不会"分别是"是"和"会"的肯定形式与否定形式组成的正反问。那么，这两种形式中的"会"表达的是什么情态义？我们先来看看下面的例句。

（12）a. 你是不是会唱歌？

　　　b. 你会不会唱歌？

（13）a. 是不是会下雨？

　　　b. 会不会下雨？

（14）a. 是不是他会走了？

　　　b. 会不会他走了？

（15）a. 他是不是已经会走了？

　　　b. 他会不会已经走了？

（16）a. 他还不会走，是不是？

　　　b. 他是不是还不会走？

　　　c. 他会不会不走？

　　　d. 他会不会还没走？

从上面的例句可以看出"是不是会"中的"会"更倾向于表达动力情态 [能力] 义，如例（12a）、例（14a）、例（15a）、例（16a）和例（16b）。其中，例（12a）中的动词"唱歌"表达的是一种能力，例（14a）和例（15a）表达的都是已然事件，例（16a）和例（16b）则表达的是未然事件。虽然例（16a）和例（16b）中的"是不是"所处的句法位置不同，但这两句中的"不"都属于对情态的否定，即外部否定，两句中的"会"表达的都是 [能力] 义。"是不是会"中的"会"只在例（13a）中表达的是认识情态 [盖然]，因为句中的"下雨"是一种自然现象，"会"只能对其进行主观上的推断。

从这些例句中，我们还可以看出，"会不会"中的"会"更倾向于表达认识情态 [盖然] 义，如例（13b）、例（14b）、例（15b）、例（16c）和例（16d）。

其中，例（13b）中的"会不会"是对自然现象"下雨"进行主观推断，"会"表达的是认识情态。例（14b）和例（15b）表达的都是已然事件，"会不会"表达的是 [盖然] 义，表示对已然发生的事件的推断。例（16c）中的"不"是对命题的否定，也就是对动词"走"的否定，而"会"则是对"不走"这一否定命题进行主观上的推断。例（16d）中的"没"是对事件的否定，"会不会"是说话人对已然事件"没走"进行的推断，即认识情态义。"会不会"中的"会"只在（12b）中表达动力情态 [能力] 义，该句中的"唱歌"是一种能力，这里的"会"表达的是 [能力] 义。

三、小结

"是不是会"中的"会"在表达能力技能、已然和未然事件、对情态的否定句中都表达动力情态 [能力] 义，而在表达自然现象和对命题的否定句中都表达认识情态 [盖然] 义。

"会不会"中的"会"在表达自然现象和表已然事件的句中都表达认识情态 [盖然] 义，而在表能力技能的句中表达动力情态 [能力] 义。

在主要动词表能力技能的句子中，"是不是会"和"会不会"中的"会"表达的都是动力情态 [能力] 义。在表自然现象和对命题的否定句中，"是不是会"和"会不会"中的"会"表达的都是认识情态 [盖然] 义。

在表已然事件的句子中，"是不是会"中的"会"表达的是动力情态 [能力] 义，而"会不会"中的"会"表达的是认识情态 [盖然] 义。

24. "他会不去吗?" 和 "他不会去吗?" 一样吗?

"否定"在认知的概念结构中与"肯定"相对,它的标记是"不"和"没"。彭利贞(2007:315-317)认为,情态否定主要有外部否定、内部否定和双重否定三种方式,其中外部否定(例如"她不可能在办公室")是对情态的否定,而内部否定(例如"她可能不在办公室")是对命题的否定;双重否定是外部否定与内部否定的结合体,主要有"不 M 不、不 M 没、没 M 不"等形式。彭利贞(2007:319)还指出,否定在多义情态动词的情态语义解读中有一定的作用。例如:

(1)他会不去吗?

(2)他不会去吗?

例(1)中的"不"是对"去"的否定,也就是对命题的否定,该句是反问句,意思是根据说话者的推断他很可能去,这里的"会"表达的是认识情态[盖然]。例(2)中的"不"是对"会"进行的否定,也就是对情态的否定,这句也是反问句,意思是说话者觉得他应该会去,这里的"会"也表达认识情态[盖然]。

这两句中的"会"表达的都是言者推断他有可能去,即认识情态[盖然]。"他会不去吗?"中的"不"是对命题的否定,而"他不会去吗?"中的"不"是对情态的否定。

四、"能"和"会"的异同

25. "能"和"会"都可以受程度副词修饰吗?

Li、Thompson(1981:173)认为助动词①不可以被程度副词②修饰。不过,吕叔湘(1999:278)认为,表达"善于做某事"的"能"和表达"善于做某事"的"会"都可以被程度副词"很、最"等修饰,但不能单独回答问题,它们的否定形式分别是"不能"和"不会"。情态动词"能"被"最"修饰以后并不一定表示善于做某事,有时表达的是一种"可能性",即认识情态[可能]。例如:

(1)共同去做一件诡秘的事情最能增进友谊。

(2)做梦最能梦见别人梦不到的事情。

(3)孟良是那么友爱,那么乐于助人,他最能体贴人,了解人。

(4)她身上看不到什么洋气,很能吃苦,只是有点不切实际的幻想。

(5)我告诉你,别以为你真能毁了我的生活!

(6)中国人最会喝茶。

(7)他将来一定很会赚钱的。

(8)你真会说。

上面例(1)~(5)中的"能"被程度副词"最、很、真"修饰。其中例(1)和例(2)中的"能"表达的都是有可能,即认识情态[可能]。而例(3)~(5)中的"能"表达的都是善于做某事,也就是动力情态[能力]。例(6)~(8)中的"会"分别被程度副词"最、很、真"修饰,这几例中的"会"表达的都是善于做某事,即动力情态[能力]义。

综上所述,"能"和"会"都可以被程度副词修饰。不过,"会"只有表善于

---

① 助动词本书统称为情态动词。

② 朱德熙(1982:196)认为,程度副词一般修饰形容词、少数动词以及述宾结构,例如:"很有本事""非常听话""太不懂事"。程度副词主要有"很、挺、怪、最、太、忒(tuī)、好、真、较、比较、非常、十分、特别、尤其、稍微、不大"等。

做某事时才可以被"最、很、真"等程度副词修饰，而"能"在表有可能和善于做某事时都可以被"最、很、真"等程度副词修饰。

26."不能不"①和"不会不"一样吗？

"否定"在认知的概念结构中与"肯定"相对，它的标记是"不"和"没"。彭利贞（2007：354）指出，情态动词的双重否定格式有"不能不""不会不""不要不""不应该不"等。否定在多义情态动词的情态语义解读中有一定的作用（彭利贞，2007：319）。下面我们来分别看看"不能不"和"不会不"所表达的情态语义的异同。

一、不能不

丁声树（1961：200-202）认为，"不能不"具有"一定要、必须"的意义。吕叔湘（1999：415）也指出，助动词"能"的双重否定形式"不能不"已不再是"能"的意思，而是"必须、应该"。"不能不VP"只可以表达道义情态与认识情态，而不能表达动力情态[能力]（包括[用途][条件]等"致能"义项）。例如：

（1）对于这种情况，我们不能不加以关注。

（2）你不能不听着！

（3）你不能不考虑我的意见。

（4）他不能不考虑我的意见。

（5）其他的科学也在不断发展，对于文艺学研究的方法和看问题的角度也不能不产生影响。

（6）那格格的哭声是悲怆而奔放的，不能不引起我强烈的共鸣。

---

① 宋永圭（2004：113-119）认为，"不能不"还可以与其他情态动词连用，例如："不能不会""不能不敢"等。有关"不能不"和"不会不"与其他情态动词的连用情况，我们将在本书问题33～36中分别进行讨论。

（7）落后的人物在斗争的环境中也不能不起变化。

（8）以往也有类似情况，回到家里从未感到过异常，这天却不能不疑惑起来。

上面例（1）～（3）中的"能"表达的都是道义情态 [许可]，而这几句中的"不能"都表示 [禁止]，双重否定形式"不能不"表达的都是"一定要、必须"。"不能不"与"加以、给以、给予、予以"等形式动词组成的动态构式同现时，可以表达道义情态 [许可]，如例（1）。多义情态动词"能"与动态持续体"着$_2$"同现时，也可以表达道义情态 [许可]，如例（2）。例（2）中的"听"和动态持续体"着$_2$"构成了祈使句，具有动态性。彭利贞（2007：162）认为，例（3）和例（4）除人称代词"你""他"外，其他因素都相同，但是例（3）中的"能"表达的是道义情态 [许可]，而例（4）中的"能"表达的却是认识情态 [可能]。可见，人称代词"你""他"在这两个句子中对多义情态动词"能"有解释成分的作用。①

上面例（5）～（8）中的"能"表达的都是认识情态 [可能]。彭利贞（2007：362）指出，说话人以情态否定"不能"来表明对其后的否定命题的 [可能性] 的判断，按照 $\neg \Diamond \neg p = \Box p$ 这一公式②，"能"的双重否定是对相应的肯定命题的 [必然] 的断定。例（5）～（7）中的动词"产生、引起、起"表示的都是"出现、消失"类语义，"不能不"与这类语义的动词同现常表达认识情态。例（8）中的动词"疑惑"具有 [-自主] 的特征，"起来"属于虚化得比较彻底的起始体标记③，该句中的"不能不"表达的也是认识情态。

二、不会不

汤廷池（1976）认为，"不会不"中的"会"只能表达认识情态。吕叔湘

---

① 彭利贞（2007：162）指出，对某个语言成分 x，当它出现的两种句法环境分别有 y、z 两种不同的成分，y、z 之外的别的因素都相同，而 x 又呈现不同的语义解读时，我们可以认为，y、z 是 x 的解释成分。

② 根据亚里士多德模态对当方阵，可以得到关于 [可能] 与 [必然] 关系的一些公式，例如：$\Box p \longleftrightarrow \neg \Diamond \neg p$（[必然]p，当且仅当不 [可能]不p），这个公式通过否定算子"$\neg$"建立了 [可能] 算子"$\Diamond$"与 [必然] 算子"$\Box$"之间的联系（彭利贞，2007：10-11）。

③ 戴耀晶（1997：29-31）认为起始体表达的是事件起始并将持续。

（1999：279）指出，"不会不"表达的是"极大可能"，近似于"一定"。也就是说"会"的双重否定形式"不会不"表达认识情态，意思是"肯定"。例如：

（9）她是机灵人，不会不懂的。

（10）可是，哼，她不会不知道这儿有一个人叫她怕的。

（11）他们不会不给我票。

（12）那么，假如我说，我要了您名下的那份股票，您，不会不同意吧？

上面这几例中的"会"表达的都是认识情态 [盖然]，"不会不"义为"肯定"。例（9）和例（10）中的"懂"和"知道"都是静态动词，例（11）中的"给"是动态的动作动词，例（12）中的"同意"是弱动态的心理动词。

三、"不能不"和"不会不"的异同

从前面有关"不能不"和"不会不"的讨论，我们可以发现"不能不"和"不会不"都可以表达认识情态 [必然]，两者可替换，但语感上好像有强度的差别，不过，这一点需要进一步的证明。"不能不"还可以表达道义情态 [必要]。

"不会不"与静态动词、动作动词、心理动词同现时，都可以表达认识情态 [必然]。而"不能不"与表"出现、消失"等语义的动词、非自主动词、起始体标记"起来"同现时，也可以表达认识情态 [必然]。

"不能不"与"加以、给以、给予、予以"等形式动词组成的动态构式、动态持续体"着₂"同现时，都可以表达道义情态 [必要]。此外，人称代词的不同也会影响"不能不"的语义解读。

27. "他能来吗？"和"他会来吗？"一样吗？

"能"和"会"都是现代汉语典型的多义情态动词。情态动词"能"可以表达动力情态 [能力]、道义情态 [许可] 和认识情态 [可能] 三种情态类型。情态动词"会"主要有两种情态，即动力情态 [能力] 和认识情态 [盖

然]。那么，在相同的句类^①里，"能"和"会"所表达的情态义有没有差异呢？例如：

（1）a. 他能来吗？

b. 他会来吗？

（2）a. 他能来。

b. 他会来。

（3）a. 他不能来的。

b. 他不会来的。

（4）a. 他不能来了。

b. 他不会来了。

（5）a.*他不能来得那么巧。

b. 他不会来得那么巧。

例（1）中的两个句子都是是非问句^②，例（2）～（5）都是这两个问句可能出现的答句。我们希望通过分析这些答句来找出"能"和"会"在"他能来吗？"和"他会来吗？"中可能表达的情态语义。

从上面的例句中，我们可以看出例（2a）中的"能"可以表达动力情态 [能力]，例如有同事问"明天公司开会，他能来吗？"，另一个同事认为他能来开会，因为这位同事知道他的腿伤已经康复了，在这种情境中，"能"表示已恢复了"行走"的能力，即动力情态。例（2a）中的"能"还可以表达道义情态 [许可] 义，例如有同学问"他们学校实行全封闭管理，他能来吗？"，有个同学知道他办好了手续，所以认为他能来。例（2a）中的"能"还可以表达认识情态[可能]，例如有同事问"雨下得这么大，他能来吗？"，其他同事推测他有可能来，因为他有车。侯友兰（2007：295）认为，这里的"能"表达的是客观可能，表示估计或推测，不可以在句末加语气词"的"，不能说"他能来的"，因

---

① 黄伯荣、廖序东（2011：99）指出，句子都有语气和语调，根据语气，句子可以分成陈述句、疑问句、祈使句和感叹句四类。

② 黄伯荣、廖序东（2011：101）指出，是非问也叫"吗"字句，它的句法结构类似于陈述句，也就是句中没有表示疑问的结构或代词，但带有"吗"或可以带"吗"。黄伯荣、廖序东（2011：101）还指出，回答这类问句时，只能对整个命题做肯定或否定的答复，或者用点头、摇头来答复。

为"的"表达的是肯定的语义。来思平（1999：367）也指出，语气词"的"要肯定的是"能否实现的结果"，而"能"的语义既指向主语"人或事物"，又指向谓语，这与"的"的语用功能不兼容，所以例（2a）后不可以加"的"。来思平（1999：367）认为，"会"的语义指向谓语，语义偏重"能否实现的结果"，因此，例（2b）后可以加语气词"的"；此外，"的"的语用功能和"会"的语义指向有同一性，因而在带"的"的肯定句中可以用"会"。侯友兰（2007：295）也认为例（2b）的句末可以加表示肯定的语气词"的"，即"他会来的"。这里的"会"表达的是说话人认为他很可能来。不过，例（2b）中的"会"只能表达认识情态 [盖然] 义。例如有同事问"雪下得这么大，他会来吗？"，其他同事推断他很有可能来，因为他就住在附近。吕叔湘（1999：415）指出，恢复某种能力，只能用"能"，不能用"会"。"他会来"中的"会"不可以表达能力恢复的意思。彭利贞（2007：144-159）指出，现代汉语情态动词表达的认识情态由强到弱依次是 [必然]>[盖然]>[可能]，而表认识情态的"会"是介于 [可能] 与 [必然] 之间的 [盖然]。表认识情态的"能"表达的是 [可能]，因此"会"要比"能"的可能性高一点，也就是很有可能。

　　例（3a）中的"能"可以表达动力情态 [能力]，例如同事问"明天公司开会，他能来吗？"，另一个同事认为他不能来，因为这位同事知道他的腿伤得很严重，在这种情境中，"能"表示的是动力情态 [能力] 义。例（3a）中的"能"还可以表达道义情态 [许可]，例如公司有员工表示自己的儿子对公司明天的团建活动很感兴趣，想来见识一下，问公司领导"他能来吗？"，公司领导认为员工的家属不可以参加公司的活动，这里的"不能"表达的是 [禁止] 义，即道义情态。例（3b）中的"会"只可以表达认识情态 [盖然]，例如同事问"明天公司开会，他会来吗？"，别的同事都推断他很有可能不来，因为大家都知道他儿子明天结婚，这里的"会"表达的是认识情态，意思是很有可能。

　　例（2）和例（3）表达的都是未然事件，而例（4）表达的是已然事件。其中例（4a）中的"能"表达的是动力情态 [能力]，例如同事问"明天公司开会，他能来吗？"，另一个同事认为他不能来了，因为这位同事知道他的腿受伤了，这里的"能"表达的是动力情态。例（4a）中的"能"还可以表达道义情态 [许

可]，例如学生问老师"考试时间已经过了五十分钟，他能来吗？"，老师说"他不能来了"，因为这是考试规定不允许的，这里的"不能"表达的是 [禁止] 义。在一些方言（如东北话）中，例（4a）中的"能"也可以表达认识情态 [可能]，例如同事问"明天公司开会，他会来吗？"，有个同事说他不可能来了，因为他刚请了病假，这里的"能"表示说话人推测他有可能不来了。例（4b）中的"会"只能表达认识情态 [盖然]，例如同事问"明天公司开会，他会来吗？"，有个同事推断他很有可能不来了，因为他知道这个同事已经去外地旅游了。

例（5b）中的"会"表达的是认识情态 [可能]，例如同事说"你怎么会在那儿碰到他？他不会来得那么巧。"因为他平时不参加那种聚会，所以说话人推断他很有可能是有别的什么事才去的。例（5a）在普通话里一般不合法，不过，这个句子在北方的有些方言里，比如东北方言里可以说。

综上所述，从"他能来吗？"和"他会来吗？"可能出现的答句中，我们可以看出这两句中的"能"和"会"都可以表达认识情态。[①] 不过，表认识情态的"能"表达的是 [可能] 义，而表认识情态的"会"表达的是 [盖然] 义，此外"会"表达的可能性比"能"要高一些。

"他会来吗？"[②]中的"会"只能表达认识情态[盖然]，而"他能来吗？"中的"能"在不同的语境中可以表达动力情态 [能力]、道义情态 [许可] 和认识情态 [可能]。

---

① 吕叔湘（1999：416）认为，"能"和"会"表示"有可能"的时候，是可以替换的，例如"下这么大雨，他能（会）来吗？""今天大概能（会）放晴了。"

② 渡边丽玲（2000a：483-484）认为，表能力的"会"的宾语在语义特征上具有相对永恒的、反复进行的性质，而表示可能性的"会"的宾语是一种在特定时间中展开的性质。所以，如果"会"的宾语的动词跟上状语、补语、介词结构、数量结构，就会使该动词带上"发生于特定的时间"的属性，这时"会"就表达可能性。如果"会"的宾语是"借、给、收、来、去、调查、考虑、商量、参加、参观、访问、介绍、动员、支援、准备、承认、克服、告诉、嘱咐、休息、选举"等动词，"会"只可以表达可能性，因为这类动词表达的是在特定时间中展开的一次性的行为动作。如果"会"的宾语是"唱歌、洗衣服、打扮、种菜"等动词结构，当这些动作是非特定时间内、反复进行的行为动作，这里的"会"只可以表达能力；而当这些动作属于在特定时间中展开的、一次性的活动时，"会"则表达可能性。因此，从这个角度来说，"他会来吗？"中的"会"只可以表达认识情态[盖然]。

28. "能下雨吗？"和"会下雨吗？"一样吗？

"能"和"会"都是典型的多义情态动词。情态动词"能"可以表达动力情态 [能力]、道义情态 [许可] 和认识情态 [可能]。情态动词"会"主要表达动力情态 [能力] 和认识情态 [盖然]。我们可以看出"能"和"会"都可以表达认识情态，那么在相同的句法环境下，它们会有什么异同呢？例如：

（1）能下雨吗？

（2）会下雨吗？

上面这两句中的"能"和"会"表达的都是认识情态。彭利贞（2007：144-159）指出，现代汉语情态动词表达的认识情态由强到弱依次是 [必然]>[盖然]>[可能]，其中表认识情态的"能"表达的是 [可能]，而表认识情态的"会"表达的则是介于 [可能] 与 [必然] 之间的 [盖然]。因此"会"比"能"的可能性要高，也就是说例（2）中的说话人比例（1）中的说话人用更确信的口吻来问听话人"下雨"的可能性。来思平（1999：367）指出，"能"侧重于表达在客观条件下实现的可能性，而"会"却侧重于主观推断的决定、结果；此外，"能"的语义既指向主语又指向谓语，疑问句提出是否有实现的可能，而"会"的语义却只指向谓语。

29. "能说汉语"和"会说汉语"一样吗？

"能"和"会"都是典型的多义情态动词。情态动词"能"可以表达动力情态 [能力]、道义情态 [许可] 和认识情态 [可能] 三种情态类型。情态动词"会"主要有两种情态，即动力情态 [能力] 和认识情态 [盖然]。我们可以看出"能"和"会"都可以表达动力情态 [能力]，那么在相同的句法环境下，它们会有什么异同呢？例如：

（1）他在中国住了五年，他能说汉语。

（2）他在中国住了五年，他会说汉语。

吕叔湘（1999：415）指出，表示具备某种能力，可以用"能"也可以用"会"，不过表示达到某种效率，只能用"能"，不能用"会"。例如："以前他一句汉语都不会说，但是现在他却能说上半个小时的汉语。"这里的"能"就不可以换成"会"。周小兵（1989：77）认为，表示有能力干什么的"能"和"会"可以换用。渡边丽玲（2000a：477-478）认为例句中"说汉语"表示的是在非特定时间里反复进行的，也是主体所具有的一种相对永恒的习性或习得技能；如果是本能或好的习性、习得技能，则"能"和"会"是可以替换的。

30. "能说汉语""不能说汉语"与"会说汉语""不会说汉语"一样吗？

情态动词"能"可以表达动力情态[能力]、道义情态[许可]和认识情态[可能]。情态动词"会"主要表示动力情态[能力]和认识情态[盖然]。可见，"能"和"会"都可以表达动力情态和认识情态。那么，在相同的句法环境下，它们表达的情态义一样？例如：

（1）a. 能说汉语。

　　 b. 不能说汉语。

（2）a. 会说汉语。

　　 b. 不会说汉语。

上面（1a）和（2a）中的"能"和"会"表达的都是动力情态[能力]义，即有说汉语的能力。（1a）中的"能"还可以表达道义情态[许可]，例如，虽然在英语课上老师规定不能说汉语，但如果遇到不知怎么表达时，当然也能说汉语。（1b）中的"能"表示道义情态[许可]，"不能"义为[禁止]。"能"的道义情态[许可]义指的是源于个人权威的情理上的许可和来自社会规范的环境上的许可（吕叔湘，1999：415；彭利贞，2007：150）。（1b）中"能"的道义来源，既可能是来自个人权威——老师，也有可能是源于特定的场合或群体。吕叔湘（1999：415）还指出，这两种[许可]义多用于疑问与否定，表示肯定时用

"可以"。(2b)中的"会"表达的是动力情态 [能力] 义。除非特殊场合，否则 (2b)中的"会"较难有认识情态的表达。

综上所述，"能说汉语"中的"能"可以表达动力情态 [能力] 义和道义情态 [许可] 义，而"不能说汉语"中的"不能"却只能表达道义情态 [禁止]。"会说汉语"和"不会说汉语"中的"会"一般只能表达动力情态 [能力] 义，除非特殊场合，否则较难有认识情态的解读。

31. "……就能……"和"……就会……"一样吗？

彭利贞（2007：68）指出，现实事件是指已经发生或正在发生的事件，而非现实事件是指存在于与现实世界相对的许多可能世界中的事件，比如可能的、假设的、反事实的、希望的、命令的，等等。Chung、Timeberlake（1985）指出，可以用认识（epistemic）模式、认识论（epistemological）模式和道义（deontic）模式鉴别非现实的类型。彭利贞（2007：68）还认为，非现实的认识模式主要有必然性情境和可能性情境两种情境；可能性情境主要有可能情境、怀疑情境和假设情境；假设情境可以用可能条件句和反事实条件句表达。彭利贞（2007：68）进一步指出，可能条件是指如果条件被假设在将来，这个条件所指的情境则是一个可能的条件；而反事实条件指的是如果条件被假设在现在或过去，则这种条件是一定不可能实现的，或者实现这类条件的可能性为零。下面我们就来看看"能"和"会"在复句① 中的情况。

---

① 刘月华等（2001：863-876）指出，复句是指由两个或两个以上的意思上有联系的单句构成的表达一个完整意思的句子，而分句则是构成复句的单句；条件复句是偏正复句中的一种，其中正句是指偏正复句中表达主要意思的分句，另一个分句是偏；条件复句的正句表达的是结果，而偏句表达的是条件，这类复句主要有特定条件句和无条件句两种，其中特定条件句的偏句表达的是实现结果需要的条件，常用的关联词主要有"只要……就……""除非""只有……才……"等；无条件句表达的是在任何条件下都会产生正句所说的结果，常用的关联词语有"不管（不论、无论）……都（也、总）……"。

一、……就能……

我们来看看有关"……就能……"的例句。例如：

（1）只要咱们这事定了，明年我就能回来。

（2）任何一桩技艺，只要你倾心地热爱它，就能操练到出神入化、鬼斧神工的境地。

（3）你如果了解文化背景，就能更好地运用语言。

（4）如果我伫立在那儿，就能感受到一颗心快乐地跳动。

（5）要是天气好，就能看见北京城里的大建筑物。

（6）你要是早来半个小时，他就能收到这封电报了。

（7）有坎坷，就能有深刻的认识。

（8）有了深刻的认识呢，就能说出意味深长的话来。

（9）不说别的，一句话就能问住你。

（10）多听、多说、多读、多写就能学好汉语。

以上这几句中的"能"表达的都是动力情态 [能力] 义，也就是吕叔湘（1999：414）提及的有条件做某事。彭利贞（2007：149）进一步指出，"能"的这种 [能力] 义是从做某事的 [条件] 上来说的。彭小川、李守纪、王红（2004：59）认为，"能"在假设句中可以表达客观上有条件做某事。例（1）和例（2）都是条件复句，这两句表达的都是可能条件，也就是"只要"可以满足"咱们这事定了"和"你倾心地热爱它"这样的条件，正句中的"明年我就能回来"和"就能操练到出神入化、鬼斧神工的境地"就可以实现。例（3）～（5）都是假设复句，这三句表达的也是可能条件，不过，"如果／要是"所假设的条件虽然还没有发生，但正句中的情况却很有可能出现。而例（6）虽然也是假设复句，但该句假设的是过去已经发生的事情，即反事实的，也就是说正句所陈述的内容事实上是不可能发生的。例（7）～（10）虽然也是假设复句，但是这几句的偏句均没有用关联词语。这几句表达的都是可能条件，也就是如果前句可以实现，则后句的情况就会出现。也就是说只要具备了"坎坷""深刻的认识""一句话""多听、多说、多读、多写"这样的条件，就能够"有深刻的认识""说出意味深长的话""问住你""学好汉语"。

二、……就会……

下面我们再来看看"……就会……"的例子。例如：

（11）只要你们高兴，我就会觉得自己活得特有价值。

（12）只要不放松，认真抓，就会有办法。

（13）她如果想到这一点，也许马上就会离开。

（14）如果一追问他们的身世，你就会不由自主地感觉到敬佩。

（15）要是大凤会一门手艺，她的处境就会好得多。

（16）你要是去了，你就会发现一个秘密。

（17）谣言重复多遍，人们就会相信是真理，声明又有什么用呢？

（18）当某种事物一旦突破极限，事物的实质就会发生突变。

（19）美貌随着年老就会贬值，忧郁像陈酒一样，时间越长越醇厚。

（20）她始终不相信事情就会这么不了了之。

以上这几句中的"会"表达的都是认识情态[盖然]。彭小川、李守纪、王红（2004：59）认为，"会"在假设句中主要表达的是正句所表达内容出现的可能性。彭利贞（2007：144-159）指出，现代汉语情态动词表达的认识情态由强到弱依次是[必然]>[盖然]>[可能]，而表认识情态的"会"表达的是介于[可能]与[必然]之间的[盖然]，即很有可能。例（11）和例（12）都是条件复句，表达的都是只要满足偏句的条件，正句的情况就很有可能发生。这两句使用的关联词是"只要……就……"，指的都是可能条件。例（13）～（17）都是假设复句，其中例（13）～（16）使用了关联词语"如果/要是……就"，而例（17）却没有使用关联词语。例（13）～（15）表达的都是对过去的假设，也就是反事实，即事实上都没有发生。这几句表达的是当时如果"想到这一点""追问他们的身世""大凤会一门手艺"，正句部分的内容就很可能发生，但现在已经不可能了。例（17）是对现在或者将来的假设，表达的是可能条件，即假设"谣言重复多遍"，"人们相信是真理"很有可能发生。例（16）既可以表达对过去的假设，也可以表达对现在或将来的假设。例（18）～（20）都是具有陈述语气的单句，其中例（18）和例（19）中"事物的实质发生突变""美貌贬值"都是对将来的假设，而说话人认为都很有可能发生。例（20）中的小句"事情就会这么不了了之"是"不相信"的宾语，而该句表达的是对过去事情的推断，也就是说事情虽然现在很有可能已经了了，但她却并不相信。

三、小结

虽然"……就能……"和"……就会……"都可以出现在条件复句、假设复句中，都可以面向过去、现在或将来提出假设，但情态动词"能"表达的都是动力情态 [能力] 义，而"会"表达的却是认识情态 [盖然] 义。

32. "能"和"会"什么时候能换用？

"能"和"会"都是典型的"多义情态动词"。"能"可以表达动力情态 [能力]、道义情态 [许可] 和认识情态 [可能]，而"会"主要表达动力情态 [能力] 和认识情态 [盖然]。情态动词"能"和"会"都可以表达动力情态和认识情态，那么它们可以换用吗？周小兵（1989）、吕叔湘（1999）、彭小川等（2004）都讨论过这个问题。

一、表动力情态[能力]的换用

情态动词"能"的动力情态 [能力] 义主要有 [能力][条件] 和 [用途] 三个义项，其中 [能力] 义包括"有能力做某事"和"善于做某事"（彭利贞，2007：148-149）。彭利贞（2007：141）把吕叔湘（1999：278）认为的"会"的"懂得怎样做或有能力做某事"和"善于做某事"都看作是"会"的动力情态[能力]义。可见，"能"和"会"都可以表达"有能力做某事"和"善于做某事"。

（一）"有能力做某事"

1. 表示 "学习或习得的技能"

吕叔湘（1999：415）认为，表达 "初次学会某种动作或技术" 时，"能"和 "会" 都可以用，不过 "会" 更为常用。许和平（1993：85）认为，表 "一般性技能"①的 "会" 可以被 "能" 替换，但 "能" 多了层 "体能"②的意味。鲁晓琨（2004：139）也指出，表示 "人或动物的类本领" 和 "自然习得的本领" 时，"会" 和 "能" 可以换用。可见，表达后天学习的、本能的或习得的能力或技能，通常用 "会"，但也可以换作 "能"。例如：

（1）a. 他会写字了。

b. 他能写字了。

（2）a. 他会开这台机器了。

b. 他能开这台机器了。

（3）a. 以前他不会游泳，经过练习，现在会游了。

b. 以前他不会游泳，经过练习，现在能游了。

（4）a. 以前他不怎么会说普通话，现在会（说）了。

b. 以前他不怎么会说普通话，现在能说了。

（5）a. 人是会思考的动物。

b. 人是能思考的动物。

（6）a. 鸭子会浮水。

b. 鸭子能浮水。

（7）a. 孩子会认人了。

b. 孩子能认人了。

（8）a. 孩子会笑了。

b. 孩子能笑了。

上面例句中标着重号的 "会" 都可以与 "能" 换用。其中例（1）～（4）中

---

① 许和平（1993：83）将 "一般性技能" 定义为人或动物通过遗传或后天学习而获取的抽象能力。

② 许和平（1993：83）将 "体能" 看作是人或动物进行某种活动所必备的身体条件。

的"会"和"能"都是指通过后天学习获得的技能。例（5）和例（6）中的"会"和"能"表达了"思考"和"浮水"分别是人和鸭子的本能或者习得的技能。例（7）和例（8）中的"会"和"能"表达的都是孩子后天获得的能力。

2. 表示"具备某种能力"

吕叔湘（1999：415）认为，表示"具备某种能力"时，"能"和"会"可以换用。例如：

（9）a. 他不但会作词，也会谱曲。

　　　b. 他不但能作词，也能谱曲。

（10）a. 你会吐大烟圈吗？

　　　b. 你能吐大烟圈吗？

（11）a. 您只要好好开导她，鼓励她，她会重新获得自信和自尊心的。

　　　b. 您只要好好开导她，鼓励她，她能重新获得自信和自尊心的。

（12）a. 他能说法语。

　　　b. 他会说法语。

（13）a. 小李能刻钢板，一个小时能刻九百多字。

　　　b. 小李会刻钢板，一个小时能刻九百多字。

（14）a. 她也能做诗什么的吗？

　　　b. 她也会做诗什么的吗？

（15）a. 我们有了您的支持，就能赢得胜利。

　　　b. 我们有了您的支持，就会赢得胜利。

例（9）～（11）a 组句子中的"会"都可以与"能"换用。例（12）～（15）a 组句子中的"能"都可以和"会"换用。我们检索了 7000 万字的现代汉语语料库，发现"能说、能做、能赢、能获得"的语料比"会说、会做、会赢、会获得"的比重要多，而"会作、会吐、会刻"和"能作、能吐、能刻"的语料数量相差不多。从使用频率来看，在表示"具备某种能力"时，"能"更为常见。许和平（1993：86）指出，谢绝别人帮助时，"能"比"会"更得体，因为"能"表达的是因为"体能"的缘故，如"谢谢，我能走"；而表示"技能"的"会"则有"不必操心"的感情色彩，如"谢谢，我会走"。

（二）"善于做某事"

许和平（1993：86）认为，表示"善长"的"会"和"能"的区别在于，前者侧重于"技能"，而后者则侧重于"体能"。吕叔湘（1999：278、414）认为，"会"表"善于做某事"的时候，可以被"很、真、最"等修饰；表"善于做某事"的"能"也可以被"很"修饰。不过，我们发现"会"和"能"在表示"善于做某事"时，都可以被"只、很、真、就、最、特别"等副词修饰。例如：

（16）a.他很会吃。

　　　b.他很能吃。

（17）a.在我们六个人里面，他最会说。

　　　b.在我们六个人里面，他最能说。

（18）a.他特别会走路。

　　　b.他特别能走路。

（19）a.她本有一肚子话要说，可是一句也说不出来，只会跪在他面前哭。

　　　b.她本有一肚子话要说，可是一句也说不出来，只能跪在他面前哭。

（20）a."一对臭球，就会吹。"球台旁的女同事笑。

　　　b."一对臭球，就能吹。"球台旁的女同事笑。

（21）a.他真能游。

　　　b.他真会游。

（22）a.舅妈特别心善，特别能过日子，对她们母子有养育之恩。

　　　a.舅妈特别心善，特别会过日子，对她们母子有养育之恩。

（23）a.孟良是那么友爱，那么乐于助人，他最能体贴人，了解人。

　　　b.孟良是那么友爱，那么乐于助人，他最会体贴人，了解人。

（24）a.她很会说，也很能说，苒青坐在那里，看着她，灵魂早已不知飞到哪里去了。

　　　b.她很能说，也很会说，苒青坐在那里，看着她，灵魂早已不知飞到哪里去了。

（25）a.要是我动不了啦，不能走，不能笑，只能吃喝睡，你给我吃安眠药……

　　　　b. 要是我动不了啦，不能走，不能笑，只会吃喝睡，你给我吃安

眠药……

　　例（16）～（20）中的"很会、最会、特别会、只会、就会"可以换成"很能、最能、特别能、只能、就能"。例（21）～（25）中的"真能、特别能、最能、很能、只能"可以换成"真会、特别会、最会、很会、只会"。不过，"会"通常侧重于所具有的"技能"，而"能"强调的是"各种可量化的能力"，比如说时间长（能说一上午）、距离远（能游 5 千米）、量大（能吃 20 个包子）。鲁晓琨（2004：141）指出，程度副词"很、特别、真、最"等可以修饰表"本领高"的"会"。鲁晓琨（2004：140）还认为，副词"只、就、光"能够让原本不是"本领"的成为"本领"，而许和平（1993：86）则认为表技能的"会"与副词"只、就"连用表示"抱怨"义，我们认为还是"善于"的意思，如例（19）、例（20）和例（25）。

二、表认识情态的换用

　　吕叔湘（1999：416）认为，"能"和"会"在表示"有可能"时可以换用。不过，陆庆和（2006：143）指出，通常只有在表达积极的、正面的可能性时，"能"和"会"才可以互相替换，在表达消极的可能性时，只能用"会"。例如"想不到小雨也会生气"，这里就不可以用"能"。此外，彭利贞（2007：144-160）还指出，现代汉语情态动词表达的认识情态由强到弱依次是 [必然]>[盖然]>[可能]，而表认识情态的"会"是介于 [可能] 与 [必然] 之间的 [盖然]，表认识情态的"能"表达的是 [可能]。因此，"会"表达的可能性比"能"要高一点，也就是很有可能。例如：

　　（26）a. 他还会来吗？

　　　　b. 他还能来吗？

　　（27）a. 天这么晚了，他会来吗？

　　　　b. 天这么晚了，他能来吗？

　　（28）a. 一切顺利，宝贝儿，很快我就会去接你了。

　　　　b.一切顺利，宝贝儿，很快我就能去接你了。

（29）a.他要是在场，我们准会赢。

　　　　b.他要是在场，我们准能赢。

（30）a.雨不能停了。

　　　　b.雨不会停了。

（31）a.这么晚了，他不能来了。

　　　　b.这么晚了，他不会来了。

（32）a.今天大概能放晴了。

　　　　b.今天大概会放晴了。

（33）a.这件事他能不知道吗？

　　　　b.这件事他会不知道吗？

　　例（26）~（29）a组句子中的"会"都可以换成"能"。许和平（1993：87）将表［盖然］的"会"称为预见，也就是以说话时间为基点说话人对将来动作的预见。这种预见也可以理解为说话人主观上的推断。许和平（1993：88）认为，"能"的基本语义是能力，所以"能"表预见时，主动词只可以是"正向"义动词。许和平（1993：87）还指出，例（29）是"会"的虚拟用法，只有当主动词是"正向"义动词时，"会"才可以换成"能"。例（30）~（32）a组句子中的"能"都可以换成"会"。不过，"会"表达的可能性比"能"要高。此外，我们发现例（26）、例（27）、例（30）和例（31）中，"他来""他来""雨停"和"他来"都是言者希望发生的情况，虽然使用的是疑问或者否定形式，但"能"和"会"同样都可以换用。可见，"能"和"会"在表示言者所期望发生的事情的可能性时，其形式可以是肯定、否定或者疑问的形式。例（33）中的"知道"是静态动词，除此之外，"愁、担心、放心、感动、害怕、害羞、后悔、怀疑、满意、满足、明白、佩服、屈服、伤心、失望、误会、误解"等静态动词与"能／会"构成反问句时，也都可以表达认识情态。

三、小结

　　虽然"会"和"能"都可以表达动力情态［能力］，但"能"只有在表示

"有能力做某事"和"善于做某事"时才可以和"会"换用。此外,"有能力做某事"主要是指"后天学习的、本能的或习得的能力或技能"和"具备某种能力",前者用"会"较多,后者"能"更为常用。表示"善于做某事"时,"会"侧重于技能,而"能"侧重于体能,两者都可以被"只、很、真、就、最、特别"等副词修饰。

在表示积极的、正面的可能性时,表认识情态的"能"和表认识情态的"会"也可以换用,不过"会"表示的可能性比"能"要高,表示很有可能。此外,"能"和"会"在表示言者所期望发生的事情的可能性时,其形式可以是肯定、否定或者疑问的形式。"能"和"会"与"知道、愁、担心、放心、感动、害怕、害羞、后悔、怀疑、满意、满足、明白、佩服、屈服、伤心、失望、误会、误解"等静态动词构成反问句时,是可以互换的。

五、"能/会"与其他情态动词的连用

33."能"的前面可以有其他情态动词吗?

赵元任(1968)、吕叔湘(1999)、刘月华等(2001)都谈论过现代汉语情态动词的连用。彭利贞(2007:372)将情态动词连用称为情态动词同现,他认为这种同现现象主要有连续同现和非连续同现两种,有些同现的情态动词具有统辖与被统辖的关系。Guo(1994)认为汉语异类情态语义的情态动词连用规则是"认识情态 > 道义情态 > 动力情态"。齐沪扬(2003:255)指出,在语用上助动词连用的顺序是"肯定语气 > 否定语气 > 反诘语气 > 询问语气 > 祈使语气"。彭利贞(2007:436)指出,概念结构、情态语义历时演变、儿童情态习得都显示,"动力情态—道义情态—认识情态"是一个主观性渐强的系列,也就是说,认识情态主观性最强,道义情态次之,动力情态最弱,而情态动词的连续同现按它们表达的情态,主观性强者优先。

多义情态动词"能"可以与表达不同情态义的情态动词连用。宋永圭

（2004：113-119）指出，情态动词连用的项数可以有两项、三项和四项。彭利贞（2007：381）综合前人的研究指出，情态动词的非连续同现规则仍有待商榷。结合出现频率这个因素，我们将根据彭利贞（2007）有关情态动词的连用规则，分别在问题 33 和问题 34 中讨论位于后项的"能"和位于前项的"能"与其他情态动词两项连续同现的情况。

与其他情态动词两项连续同现时，位于后项的情态动词"能"可以表达动力情态 [能力]、道义情态 [许可] 和认识情态 [可能]。

一、表动力情态的"能"

表动力情态且位于后项的"能"只可以与认识情态动词和道义情态动词连用。

（一）与认识情态动词连用

"能"的动力情态可以与认识情态动词"应该、会"同现。例如：

（1）爱情应该能战胜一切考验。

（2）这一点我想其他公司应该不能做到。

（3）这样疯狂的局面不应该能维持太久。

（4）我觉得如果做得到位的话，不应该不能沟通。

（5）温都太太点了点头，心中颇惊讶马威会能猜透了这个。

上面这几句中的情态动词"能"表达的都是 [能力] 义，而且"能"前面的情态动词"应该、会"都是认识情态，表达的都是认识情态 [盖然] 义。

由此可以看出表动力情态且位于后项的"能"与认识情态动词有如下组配："应该能"和"会能"表示 [盖然]>[能力]，"应该不能"表示 [盖然（无能力）] 或 [盖然]>¬[能力]，"不应该能"表示 ¬[盖然]>[能力]，"不应该不能"表示 ¬[盖然]>¬[能力]。换句话说，认识情态动词与表动力情态且位于后项的"能"组配时，通常表 [必然] 义或 [盖然] 义。而这些组配都遵循了彭利贞（2007）所说的 EDD 规则，即非同类情态动词连续连用的规则通常为"认识（Epistemic）情态 > 道义（Deontic）情态 > 动力（Dynamic）情态"，简称 EDD 规则。

（二）与道义情态动词连用

位于后项的动力情态"能"可以与道义情态动词"必须、要、应该"同现。例如：

（6）它必须能抗严寒抗大风还能透汗湿，它还必须雨雪不透……

（7）在政治上要很强，要能继承发扬我党我军的优良传统，爱国、爱党、爱军、守纪律，有革命的理想和气节。

（8）铺板当检查床矮了些，但一个好医生，应该能在各种条件下检查病人。

以上这三例中的"能"表达的都是[能力]义，而"能"前面的情态动词"必须、要、应该"表达的都是道义情态。其中例（6）中的"必须"表达的是[必要]义，而例（7）和例（8）中的"要"和"应该"表达的都是[义务]义。彭利贞（2007：382-383）指出，居前的单义情态动词具有前定位的作用，可以对其后的多义情态动词进行情态定位，如例（6）中的单义情态动词"必须"只有道义情态义，其后不会出现认识情态，动力情态出现的可能性最大，这句中的"能"表[能力]义的可能性最大。彭利贞（2007：408）认为，例（8）中的主语泛指"好医生"这类人，而"应该能"表示说话人认为"好医生"有义务具有"在各种条件下检查病人"的能力。

可见，表动力情态且位于后项的"能"与道义情态动词的组配有："必须能"表示[必要]>[能力]，"要能"和"应该能"表示[义务]>[能力]。也就是说，道义情态动词与表动力情态且位于后项的"能"组配时，通常是[必要]义或者[义务]义。这些组配遵循的也都是 EDD 规则，即"认识情态>道义情态>动力情态"。

二、表道义情态的"能"

表道义情态且位于后项的"能"可以与认识情态动词和道义情态动词连用。

（一）与认识情态动词连用

表道义情态的"能"可以出现在认识情态动词"应该"的后面。例如：

（9）小赵产生如此的想法，应该不能简单地归于偶然吧？

彭利贞（2007：412）指出，这句中的"能"表示 [许可] 义，"应该"表示对其进行 [盖然] 性的推断，而"应该不能"表示 [盖然]>[禁止] 或 [盖然]>¬[许可]。也就是说，表道义情态且位于后项的"能"与认识情态动词的组配表现为认识情态 [盖然]>道义情态 ¬[许可]，这一组配也符合"认识情态>道义情态>动力情态"的规则。

（二）与道义情态动词连用

表道义情态的"能"可以放在道义情态动词"应该"的后面。例如：

（10）这些问题应该不能不考虑。

（11）从立法角度来说不应该能同时经商。

（12）我觉得他们是真心爱着对方的，相爱的两个人不应该不能在一起的。

（13）要求学生不迟到、早退，自己应该不能迟到、早退。

以上这几例中的"能"表达的都是道义情态，"应该"表达的是道义情态 [义务] 义。彭利贞（2007：414）根据马庆株（1988）和宋永圭（2004）将"应该不能不"解析为 { 应该 [不能（不 VP）]}，并指出，其概念结构是 { 义务 [禁止（不 VP）]}，即有义务禁止不 VP，而例（10）中的"应该不能不"可以解释为 [（禁止不考虑）是有义务的]，亦即 [（必须考虑）是有义务的]。彭利贞（2007：415）指出，例（11）中"能"表示许可，"不应该"表示对这种许可的禁止，也就是 [禁止（许可）] 或者 ¬[义务]>[许可]。彭利贞（2007：416）认为，例（12）中的"能"表示许可，"不能"义为禁止；"应该"义为义务，"不应该"也表达禁止义；这句中的"不应该不能"义为 [非义务（非许可）] 或者 ¬[义务]>¬[许可]，表达了说话人对许可的强调。彭利贞（2007：411）指出，例（13）中的"能"义为许可，"不能"表示禁止，"应该"表达的是义务，其语义结构可以表现为 [有义务（禁止）]，或 [有义务（不许可）]，即 [义务]>[禁止] 或 [义务]>¬[许可]。

由此可见，表道义情态且位于后项的"能"与道义情态动词有如下组配："应该不能不"表示 [义务]>[必须]，"不应该能"表示 ¬[义务]>[许可] 或者 [禁止（许可）]，"不应该不能"表示￢[义务]>￢[许可]，"应该不能"表示[义务]>[禁止]或者[义务]>￢[许可]。这些组配符合彭利贞（2007：425-426）提出的道义情态的两种下位情态的组配规则，即"说话人来源的道义情态先于环境来源的道义情态"和"同一情态内部不存在两种最弱的下位情态之间的组配"。

三、表认识情态的"能"

表认识情态且位于后项的"能"可以和认识情态动词"应该、肯定"连用。例如：

（14）只要把她的行踪透露出去,肯定能发生很有趣的事。

（15）当自己做了某件事情,认为应该能引起别人的反应时,如果别人对此没有反应,就会出现强烈的孤独感。

（16）现在离10月还有好几个月,SARS应该不能成为开会的障碍。

（17）以她的角度,不应该能看见跑去的那一个人。

上面这几例中的"能、应该、肯定"表达的都是认识情态。例（14）中的"肯定"表示[必然]义，"能"只能表[可能]义，"肯定能"构成了[必然]>[可能]的组配。表[可能]的"能"表示的是客观上的可能，而表[必然]的"肯定"则是一种主观推断。在例（15）中，"能"与非自主动词"引起"同现表达[可能]义，而"应该能"表示[盖然]>[可能]。例（16）中"应该不能"意思是[盖然（不可能）]，即[盖然]>￢[可能]。例（17）中的"不应该能"义为[非盖然（可能）]，即￢[盖然]>[可能]。

可见，表认识情态且位于后项的"能"与认识情态动词有如下组配："肯定能"表示[必然]>[可能]，"应该能"表示[盖然]>[可能]，"应该不能"表示[盖然]>￢[可能]，"不应该能"表示￢[盖然]>[可能]。这些组配符合彭利贞（2007：431-435）的认识情态的两种下位情态的组配规则，即"同一情态内部不存在两种最弱的下位情态之间的组配"和"主观情态先于客观情态"。

四、小结

表动力情态且位于后项的"能"与认识情态动词和道义情态动词的组配有：与认识情态动词连用时，"应该能"和"会能"表示 [盖然]>[能力]，"应该不能"表示 [盖然（无能力）] 或 [盖然]> ¬ [能力]，"不应该能"表示 ¬ [盖然]>[能力]，"不应该不能"表示 ¬ [盖然]> ¬ [能力]；与道义情态动词连用时，"必须能"表示 [必要]>[能力]，"要能"和"应该能"表示 [义务]>[能力]。

表道义情态且位于后项的"能"与认识情态动词和道义情态动词的组配有：与认识情态动词连用时，"应该不能"表示 [盖然]> ¬ [许可] 或 [盖然]> ¬ [禁止]；与道义情态动词连用时，"应该不能不"表示 [义务]>[必须]，"不应该能"表示 ¬ [义务]>[许可] 或者 [禁止（许可）]，"不应该不能"表示 ¬ [义务]> ¬ [许可]，"应该不能"表示 [义务]>[禁止] 或者 [义务]> ¬ [许可]。

表认识情态且位于后项的"能"与认识情态动词有如下组配："肯定能"表示 [必然]>[可能]，"应该能"表示 [盖然]>[可能]，"应该不能"表示 [盖然]> ¬ [可能]，"不应该能"表示 ¬ [盖然]>[可能]。

我们将位于后项的"能"与其他情态动词两项连续同现的组配情况汇总为表 33-1。

表 33-1　位于后项的"能"与其他情态动词两项连续同现的组配汇总表

"能"	认识情态动词 + "能 / 不能"	道义情态动词 + "能 / 不能"
动力情态 [能力]	会能：[盖然]>[能力] 应该能：[盖然]>[能力] 应该不能：[盖然（无能力）] 或 [盖然]> ¬ [能力] 不应该能：¬ [盖然]>[能力] 不应该不能：¬ [盖然]> ¬ [能力]	必须能：[必要]>[能力] 应该能：[义务]>[能力] 要能：[义务]>[能力]
道义情态 [许可]	应该不能：[盖然]> ¬ [许可] 或 [盖然]>[禁止]	应该不能不：[义务]>[必须] 不应该能：¬ [义务]>[许可] 或 [禁止（许可）] 不应该不能：¬ [义务]> ¬ [许可] 应该不能：[义务]> ¬ [许可] 或 [义务]>[禁止]

即 [可能]>[意愿]。例（9）中的"想"表达的是 [意愿] 义，而"能想"也表示 [可能]>[意愿]。

由此可见，表认识情态且位于前项的"能"与动力情态动词的组配有："能不会"表示 [可能]> ¬ [能力]，"能肯"表示 [可能]>[意愿]，"能愿意"表示 [可能]>[意愿]，"能想"表示 [可能]>[意愿]。这些组配都符合"认识情态 > 道义情态 > 动力情态"的规则。

四、小结

表动力情态且位于前项的"能"与动力情态动词有如下组配："能肯"和"能愿意"都表示 [能力]>[意愿] 或者 [能力]+[意愿]，"能敢"表示 [能力]>[勇气]。

表道义情态且位于前项的"能"与动力情态动词的组配有："能不会"表示 [许可]> ¬ [能力]，"不能不会"表示 ¬ [许可]> ¬ [能力]。

表认识情态且位于前项的"能"与动力情态动词的组配有："能不会"表示 [可能]> ¬ [能力]，"能肯"表示 [可能]>[意愿]，"能愿意"表示 [可能]>[意愿]，"能想"表示 [可能]>[意愿]。

我们将位于前项的"能"与其他情态动词两项连续同现的组配情况汇总为表 34-1。

表 34-1　位于前项的"能"与其他情态动词两项连续同现的组配汇总表

"能"	"能"+ 动力情态动词
动力情态 [能力]	能肯：[能力]>[意愿] 或者 [能力]+[意愿] 能愿意：[能力]>[意愿] 或者 [能力]+[意愿] 能敢：[能力]>[勇气]
道义情态 [许可]	能不会：[许可]> ¬ [能力] 不能不会：¬ [许可]> ¬ [能力]
认识情态 [可能]	能不会：[可能]> ¬ [能力] 能肯：[可能]>[意愿] 能愿意：[可能]>[意愿] 能想：[可能]>[意愿]

35.“会”的前面可以有其他情态动词吗？

Guo（1994）指出，汉语异类情态语义的情态动词连用规则是“认识情态 > 道义情态 > 动力情态”。彭利贞（2007：436）认为，情态动词的连续同现按它们表达的情态，主观性强者优先。下面我们将根据彭利贞（2007）有关情态动词的连用规则在问题35和问题36中分别讨论位于后项的“会”和位于前项的“会”与其他情态动词两项连续同现的情况。

在与其他情态动词两项连续同现时，位于后项的情态动词“会”可以表达动力情态 [能力] 和认识情态 [盖然]。

一、表动力情态的“会”

表动力情态且位于后项的“会”可以与认识情态动词和道义情态动词连用。

（一）与认识情态动词的连用

表动力情态且位于后项的“会”可以与认识情态动词“要、应该、能”同现。例如：

（1）天天与文字处理机无言相对，由新鲜而习惯，简直要不会用笔写了。

（2）你要是个聪明孩子，应该会算这个账……

（3）女人，怎么还能不会做花？

以上这几例中的“会”表达的都是动力情态 [能力] 义。例（1）中的“要”表示认识情态 [必然]，说话人主观推定肯定没有能力，即 [必然]> ¬ [能力]。彭利贞（2007：402）指出，“应该”表达的情态义与主语有关，例（2）中，言者一般不会给“聪明的孩子”强加具有“算账”能力的“义务”，也就是不能表达道义情态，这句中的“应该”只能表示认识情态 [盖然]，表示说话人推断很有可能具备“算账”的能力，其组配为 [盖然]>[能力]。例（3）中，根据“会”后的动词就可以断定其表达的是动力情态，“能”表示认识情态 [可能]，“能不会”表示 [可能]> ¬ [能力]。

可见，表动力情态且位于后项的"会"与认识情态动词的组配有："要不会"表示[必然]>﹁[能力]，"应该会"表示[盖然]>[能力]，"能不会"表示[可能]>﹁[能力]。这些组配都符合 EDD 规则，即"认识情态 > 道义情态 > 动力情态"。

（二）与道义情态动词的连用

表动力情态且位于后项的"会"可以与道义情态动词"必须、应该、要、能"同现。例如：

（4）家中大小必须一致的说老三已死，连小顺儿与妞子都必须会扯这个谎。

（5）今年8月，国际奥委会派国际乒联前来北京考察，临别之际，国际乒联的官员撂下一句"交警应该会讲英语"而去。

（6）政协委员拍着乡长的肩膀说，要想想办法，不但要会种，还要会吃，可以酿酒嘛。

（7）水手还能不会爬绳吗？

（8）现代人不能不会用电脑。

以上这几例中的"会"都表示 [能力] 义。例（4）中的"必须"表示道义情态 [必要]，"必须会"表示 [必要]>[能力]。彭利贞（2007：402）认为，"应该"的情态义与主语有关，例（5）中的"交警"具有接受义务的天然特性，例（6）中的"乡长"也有接受义务的天然特性，因此，例（5）和例（6）中"应该"和"要"都表示道义情态 [义务] 义，这两句都表示 [义务]>[能力]。根据例（7）和例（8）中"会"后的动词，可以断定其表示 [能力] 义，而"能"都表示 [许可] 义，其中例（7）中的"能不会"表示 [许可]>﹁[能力]，例（8）中的"不能不会"则表示﹁[许可]>﹁[能力]。

由此可见，表动力情态且位于后项的"会"与道义情态动词的组配有："必须会"表示 [必要]>[能力]，"应该会"表示 [义务]>[能力]，"要会"表示 [义务]>[能力]，"能不会"表示 [许可]>﹁[能力]，"不能不会"表示﹁[许可]>﹁[能力]。这些组配都遵循了"认识情态 > 道义情态 > 动力情态"的规则。

二、表认识情态的"会"

表认识情态且位于后项的"会"可以与认识情态动词"肯定、应该、可能、能"连用。例如：

（9）你要五点整去找我，肯定会在办公室门口遇到我，也许你表慢了五分钟。

（10）要是它们淋雨了，应该会找个地方躲起来吧？

（11）我对你没有恶意，算来我是你的救命恩人，你应该不会咬我吧？

（12）这样的活动，巴西足协应该不会不知道。

（13）我想内容上不应该会有什么质的变化，形式上会有一些变化。

（14）我的意志不会动摇，但我的手指可能会发抖。

以上这几例中的"会"表达的都是 [盖然] 义。例（9）中的"肯定"表达的是认识情态 [必然]，"肯定会"的组配表示 [必然]>[盖然]。例（10）中的"会"表示认识情态，根据 EDD 规则，"应该"只能表示 [盖然]，"应该会"表示 [盖然]>[盖然]。"会"在"应该不会、应该不会不、不应该会"中一般只表示 [盖然] 义，根据 EDD 规则，例（11）～（13）中的"应该"也只能表达认识情态 [盖然]，这几例的语义组配是："应该不会"表示 [盖然]>﹁ [盖然]，"应该不会不"表示 [盖然]>﹁ [盖然] ﹁，"不应该会"表示﹁ [盖然]>[盖然]。例（14）中的"可能"表达的是认识情态 [可能] 义，而"可能会"则表示 [可能]>[盖然]。

综上所述，表认识情态且位于后项的"会"与认识情态动词的组配有："肯定会"表示 [必然]>[盖然]，"应该会"表示 [盖然]>[盖然]，"应该不会"表示 [盖然]>﹁ [盖然]，"应该不会不"表示 [盖然]>﹁ [盖然] ﹁，"不应该会"表示﹁ [盖然]>[盖然]，"可能会"表示 [可能]>[盖然]。

三、小结

表动力情态且位于后项的"会"与认识情态动词和道义情态动词的组配有：与认识情态动词连用时，"要不会"表示 [必然]>﹁ [能力]，"应该会"表示 [盖然]>[能力]，"能不会"表示 [可能]>﹁ [能力]；与道义情态动词连用时，"必

须会"表示 [必要]>[能力],"应该会"表示 [义务]>[能力],"要会"表示 [义
务]>[能力],"能不会"表示 [许可]> ¬ [能力],"不能不会"表示 ¬ [许可]>
¬ [能力]。

表认识情态且位于后项的"会"与认识情态动词的组配有:"肯定会"表示
[必然]>[盖然],"应该会"表示 [盖然]>[盖然],"应该不会"表示 [盖然]> ¬ [盖
然],"应该不会不"表示 [盖然]> ¬ [盖然] ¬ ,"不应该会"表示 ¬ [盖然]>[盖
然],"可能会"表示 [可能]>[盖然]。

我们将位于后项的"会"与其他情态动词两项连续同现时的组配情况汇总为
表 35-1。

表 35-1　位于后项的"会"与其他情态动词两项连续同现的组配汇总表

"会"	认识情态动词 + "会"	道义情态动词 + "会"
动力情态 [能力]	要不会:[必然]> ¬ [能力] 应该会:[盖然]>[能力] 能不会:[可能]> ¬ [能力]	必须会:[必要]>[能力] 应该会:[义务]>[能力] 要会:[义务]>[能力] 能不会:[许可]> ¬ [能力] 不能不会:¬ [许可]> ¬ [能力]
认识情态 [盖然]	肯定会:[必然]>[盖然] 应该会:[盖然]>[盖然] 应该不会:[盖然]> ¬ [盖然] 应该不会不:[盖然]> ¬ [盖然] ¬ 不应该会:¬ [盖然]>[盖然] 可能会:[可能]>[盖然]	

36. "会"的后面可以有其他情态动词吗?

彭利贞(2007:436)指出,情态动词的连续同现按它们表达的情态,主观
性强者优先。下面我们将根据彭利贞(2007)有关情态动词的连用规则讨论位于
前项的"会"与其他情态动词两项连续同现的情况。

表认识情态且位于前项的"会"可以与动力情态动词"能、肯、想、愿意、

敢"连用。例如：

（1）温都太太点了点头，心中颇惊讶马威会能猜透了这个。

（2）准出了乱子了，否则不会肯订婚的。

（3）你不会想试试吧？

（4）我所学的十分枯燥，你绝不会愿意听的。

（5）肖飞连喊了几声"站住"，可是二虎怎么会敢站住呢？

上面这几例中的"会"表达的都是认识情态 [盖然]。例（1）中的"能"表示 [能力] 义，"会能"的组配表示 [盖然]>[能力]。"会肯""会想""会愿意"的语义组配都表示对"单义意愿动词表达的 [意愿]"的推论，即 [盖然]>[意愿]，如例（2）～（4）。例（5）中单义情态动词"敢"表示动力情态 [勇气]，"敢"具有定位作用，这句中的"会"只能表示 [盖然]，"会敢"则表示 [盖然]>[勇气]。

综上所述，表认识情态且位于前项的"会"与动力情态动词的组配有："会能"表示 [盖然]>[能力]，"不会肯"表示 ¬ [盖然]>[意愿]，"不会想"表示 ¬ [盖然]>[意愿]，"不会愿意"表示 ¬ [盖然]>[意愿]，"会敢"表示 [盖然]>[勇气]。这些组配也都遵循了"认识情态 > 道义情态 > 动力情态"的规则。我们将位于前项的"会"与动力情态动词两项连续同现时的组配情况汇总为表 36-1。

表 36-1　位于前项的"会"与动力情态动词两项连续同现的组配汇总表

"会"	"会"＋动力情态动词
认识情态 [盖然]	会能：[盖然]>[能力]；不会肯：¬ [盖然]>[意愿]；不会想：¬ [盖然]>[意愿]；不会愿意：¬ [盖然]>[意愿]；会敢：[盖然]>[勇气]

六、"能/会"与其他情态动词的异同

37."能"与"可以"什么时候可以互换?

"能"和"可以"①都是多义情态动词，前者可以表达动力情态[能力]、道义情态[许可]和认识情态[可能]三类情态，而后者只有动力情态[能力]和道义情态[许可]两种情态义。也就是说"能"和"可以"都有[能力]义和[许可]义。那么，它们可以互换吗？如果可以互换，什么时候可以?

一、表动力情态[能力]的互换

彭利贞（2007：156）认为，"能"的动力情态可以表达[能力]义、[条件]义和[用途]义，而"可以"的动力情态可以表示有生物特别是人的能力与技能、主语从事某事的条件、无生物主语具备的某种用途。虽然"可以"和"能"在表达动力情态时具有替换关系，但是"能"是从主语主动的角度来实现做某事的能力，"可以"则是从无障碍的角度来实现做某事的能力。

（一）表示有生物特别是人的能力与技能

（1）a.我学过汉语，这篇文章我能看懂。

　　　b.我学过汉语，这篇文章我可以看懂。

（2）a.骆驼能好几天不吃东西。

　　　b.骆驼可以好几天不吃东西。

（3）a.他一天能记住20个生词。

　　　b.他一天可以记住20个生词。

---

① 吕叔湘（1999：338）指出，"可以"还可以做形容词，有两种意思：1.表示"程度相当高（多指说话人所不愿意的）；厉害"，可以被"真"修饰，不能被"很"修饰。例如：天气热得真可以。2.表示"还好；不坏；过得去"，可以被"还"修饰，只能做谓语和补语。例如：他篮球打得还可以。

（4）a.我腿好了，能开车了。

　　　b.我腿好了，可以开车了。

（5）a.他脚伤好了，能走路了。

　　　b.他脚伤好了，可以走路了。

（6）a.那太好了，哪天我落水你就可以救我了。

　　　b.那太好了，哪天我落水你就能救我了。

上面例句中的"能"和"可以"都可以互换。其中例（1）和例（2）中的"能"和"可以"分别表达了人和骆驼的能力。彭小川（2004）指出，例（3）中的"能"和"可以"表达的是能力已经达到了一定的程度、水平。例（4）和例（5）中的"能"和"可以"都表达了能力的恢复。例（6）中的"能"和"可以"表达的都是技能。

（二）表示主语从事某事的条件

（7）a.车修好了，我能开了。

　　　b.车修好了，我可以开了。

（8）a.还有时间，你们能再多坐一会儿。

　　　b.还有时间，你们可以再多坐一会儿。

（9）a.我很彷徨，很茫然，没人可以商量。

　　　b.我很彷徨，很茫然，没人能商量。

（10）a.今天能做的，不要留到明天才做。

　　　b.今天可以做的，不要留到明天才做。

（11）a.坐飞机可以节约许多宝贵的时间。

　　　b.坐飞机能节约许多宝贵的时间。

（12）a.天气热了，可以游泳了。

　　　b.天气热了，能游泳了。

这几例中的"能"和"可以"可以互换，表达的都是[能力]义中的[条件]，也就是有做某事的条件。

（三）表示无生物主语具备的某种用途

（13）a. 大蒜能杀菌。

b. 大蒜可以杀菌。

（14）a. 徐一鸣的这沓枕巾，也可以做药引子了。

b. 徐一鸣的这沓枕巾，也能做药引子了。

（15）a. 这个柜子里能藏个人。

b. 这个柜子里可以藏个人。

（16）a. 这个屋子可以住五个人。

b. 这个屋子能住五个人。

以上这几例中的"能"和"可以"都可以互换，表达的都是 [用途]。物力就是万物皆有所用，所用各不相同，所以，[用途] 也属于事物的能力。

二、表道义情态[许可]的互换

"能"和"可以"都具有 [许可] 义，一般也可以互换。例如：

（17）a. 功课做完才能出去玩儿，你没做完别出去。

b. 功课做完才可以出去玩儿，你没做完别出去。

（18）a. 你不可以去！

b. 你不能去！

（19）a. 你是哥哥，就可以这么说吗？

b. 你是哥哥，就能这么说吗？

（20）a. 你怎么能这么说我呢？

b. 你怎么可以这么说我呢？

（21）a. 怎么可以要东西呢？

b. 怎么能要东西呢？

以上例句中的"可以"和"能"都可以互换。其中例（17）中的"能"和

"可以"^①表达的都是[许可]义。例（18）中"可以"和"能"的否定形式"不可以"和"不能"表达的都是[禁止]义。例（19）～（21）都是反问句，"可以"和"能"表达的都是不应该做某事。

三、小结

表动力情态的"能"和"可以"在表示"有生物特别是人的能力与技能""主语从事某事的条件"和"无生物主语具备的某种用途"的肯定形式时，一般都可以换用。

表道义情态的"能"和"可以"在表示[许可]义时，一般也可以互换。

38. "能" 与 "可以" 什么时候不能互换?

在问题37中，我们发现"能"和"可以"有时是可以互换的。不过，它们在有些用法里却不能互换。例如，"能"可以表达认识情态[可能]，而"可以"却没有这样的用法。此外，两者在表达[能力]和[许可]时也有一定的差异。下面我们看看"能"和"可以"什么情况下不可以互换。

一、只能用"能"，不能用"可以"

吕叔湘（1999：416）指出，"能"可以与"愿意"同现，但是"可以"却不能；"不能不"常用，而"不可以不"用得不多，"不可不"主要出现在书面语里。鲁晓琨（2004：80）认为，"能"强调条件充分，表义积极。此外，"能"在否定句、疑问句、反问句中与"可以"表达的情态义也不同。

---

① 吕叔湘（1999：337-338）指出，表[许可]的"可以"否定形式为"不可以"或"不能"，一般不单独回答问题，回答问题通常用"不行"或"不成"，例如：我可以跟他谈谈吗？——不行，他正会客呢。

（一）表示善于做某事

"能"可以表示善于做某事（吕叔湘，1999：414），可以被"很、最"等程度副词修饰。不过，"可以"却没有这样的情态义。例如：

（1）a.她身上看不到什么洋气，很能吃苦，只是有点不切实际的幻想。

b.*她身上看不到什么洋气，很可以吃苦，只是有点不切实际的幻想。

（2）a.他特别能走路。

b.*他特别可以走路。

（二）被副词"刚、只、才"修饰

（3）a.邻居家的小孩刚能走。

b.*邻居家的小孩刚可以走。

（4）a.没有汽车了，我今天只能走回家了。

b.*没有汽车了，我今天只可以走回家了。

（5）a.我半个小时才能写90个汉字。

b.*我半个小时才可以写90个汉字。

以上几句中表［能力］的"能"都可以被副词"刚、只、才"修饰，而同样可以表［能力］的"可以"却不能。其中例（3）中的"能"表示的是人的本能，而"可以"没有这样的用法。例（4）中的"能"表示有条件做某事，例（5）中的"能"表示达到某种效率，而"可以"被"只、才"修饰后却只能表示［许可］，因此例（4b）和例（5b）都不能说。

（三）［能力］义、［条件］义或［用途］义的否定形式

（6）a.这件事情太复杂，我不能用一句话回答你。

b.*这件事情太复杂，我不可以用一句话回答你。

（7）a.骆驼不能好几天不吃东西。

b.*骆驼不可以好几天不吃东西。

（8）a.我明天有事，不能来了。

b.*我明天有事，不可以来了。

（9）a.木材不经过防腐处理，就不能做枕木。

b.*木材不经过防腐处理，就不可以做枕木。

（10）a.他的这个愿望始终没能实现。

b.*他的这个愿望始终没可以实现。

傅雨贤、周小兵（1991），吕叔湘（1999），刘月华等（2001）都指出，表[能力]时，"可以"的否定形式是"不能"。例（6）～（9）中的"能"都不能换成"可以"。其中例（6）和例（7）中的"不能"表达的是人或动物没有这样的能力，例（8）表达的是没有条件来了，例（9）表达的是没有做枕木的用途。彭利贞（2007：346）认为，"没"可以否定表[能力]的"能"，而不可以否定表[能力]的"可以"，例（10b）也是不能说的。

（四）表示有可能

（11）a.这么晚他还能来吗？

b.*这么晚他还可以来吗？

（12）a.他非常注意锻炼身体，每天早上总能看见他在跑步。

b.*他非常注意锻炼身体，每天早上总可以看见他在跑步。

（13）a.你不让他报名，他能愿意吗？

b.*你不让他报名，他可以愿意吗？

（14）a.她怎么能明白我此时此刻的窘迫和无聊还有孤独无助？

b.*她怎么可以明白我此时此刻的窘迫和无聊还有孤独无助？

（15）a.我觉得他的病能好。

b.我觉得他的病可以好。

上面这几句中的"能"表达的都是认识情态[可能]义，而"可以"没有这样的情态义。其中例（11）～（14）中的"能"都不能换成"可以"，例（15b）中的"可以"虽成立，但表达的并非[可能]义，而是[条件]义，即"有条件好"。

（五）"不能不"表示道义情态 [必须]

（16）a.因为大家不了解情况，我不能不说明一下。

　　　b.？因为大家不了解情况，我不可以不说明一下。

吕叔湘（1999：416）指出，常用的是"不能不"，很少用"不可以不"，而"不可不"主要见于书面语。鲁晓琨（2004：95）认为，"不能不"的反义不是"能不"，而是"可以不"。

（六）"不能不"表示认识情态 [必然]

（17）a.这件事他不能不知道吧?

　　　b.*这件事他不可以不知道吧?

例（17）中的"不能不"意思是说话人主观上推断这件事他肯定知道。

二、只能用"可以"，不能用"能"

（一）表示 [条件]

（18）a.这项工作我没有经验，不过我可以试试。

　　　b.*这项工作我没有经验，不过我能试试。

（19）a.他不在不要紧，我可以等他。

　　　b.*他不在不要紧，我能等他。

上面例句中的"可以"表达的都是动力情态 [能力] 中的 [条件] 义，不可以换成"能"。

（二）表示 [许可]

彭利贞（2007：157）指出，表示 [许可] 的"可以"意思是说话人给主语施行某事的许可，使主语有可能使句子表示的事件成真，还可以表达"无妨（即

'值得 ①')""提议""劝告"等义。例如：

（20）a. 颜色太浅了，可以再深一些。

b.*颜色太浅了，能再深一些。

（21）a. 有问题你可以来找我。

b.*有问题你能来找我。

（22）a. 一个人来不及抄，可以两个人抄。

b.*一个人来不及抄，能两个人抄。

（23）a. 请把行李送到我的房间去，可以吗？

b.*请把行李送到我的房间去，能吗？

（24）a. 这本书你送给他也可以。

b.*这本书你送给他也能。

（25）a. 这样分析也是可以的。

b.*这样分析也是能的。

（26）a. 可以他去，也可以你去。

b.*能他去，也能你去。

（27）a. 这儿能不能抽烟？——那儿可以抽烟，这儿不能。

b. 这儿能不能抽烟？——*那儿能抽烟，这儿不能。

（28）a. 这个问题可以研究一番。

b.*这个问题能研究一番。

（29）a. 这本书写得不错，你可以看看。

b.*这本书写得不错，你能看看。

上面例句中的"可以"表达的都是道义情态，不过都不可以换成"能"，其中例（20）和例（21）都表示"许可"。例（23）是附加疑问句，"可以"能够单独组成是非问，而"能"却不行。例（24）和例（25）中，"可以"做谓语，而"能"却没有这样的用法。例（26）中，"可以"位于句首，而"能"却不能。例（27）"许可"的肯定形式一般为"可以"，而不用"能"。例（28）中的"可以"

---

① 吕叔湘（1999：338）指出，表"值得"的"可以"的否定形式是"不值得"，例如："他觉得路远，不值得去，我倒觉得还可以去看看。"

表示"值得"，而"能"没有这样的意思。例（29）中的"可以"表示"建议"，而"能"不可以这样用。

三、小结

在表达动力情态时，表 [能力] 的"能"可以被副词"刚、只、才"修饰，而表 [能力] 的"可以"却不能被"刚、只、才"修饰；"不能"可以做 [能力] 义、[条件] 义或 [用途] 义的否定形式，而"不可以"却不行。"能"可以表达 [可能] 义，"不能不"可以表示认识情态 [必然]，而"可以"却没有这样的用法。

"可以"在表达 [条件] 义时有时不可以换成"能"。在表达道义情态时，只有"可以"能够表达"无妨""提议""建议""劝告"等，可以组成附加疑问句，可以做谓语，可以置于句首，而"能"却不可以。

39. "不能不"与"不得（dé）不"有哪些语义、句法特点？

丁声树等（1961），胡裕树（1995），吕叔湘（1999），郭继懋等（2001），宋永圭（2004），谭惠敏（2006），武惠华（2007），彭利贞、刘翼斌（2012），彭利贞（2019）等都讨论过"不能不"与"不得不"的用法。下面我们将分别讨论"不能不"与"不得不"的语义、句法特点。

一、不能不

情态动词"能"可以表达动力情态 [能力]、道义情态 [许可] 和认识情态 [可能] 三种情态类型，而"能"的双重否定形式"不能不"只可以表达道义情态 [必要] 和认识情态 [必然] 两种情态义（彭利贞，2019：12）。

（一）表道义情态 [必要] 义的语义、句法特征

"能"的道义情态表达的是 [许可] 义，而"不能不"的道义情态表达的却

是 [必要] 义①。彭利贞（2019：23-24）认为，表道义情态的"不能不"具有主观性强的特点，表达了事件的主观意愿，能够独立完句，还可以被指令类副词修饰。

1. 主观性强

"指令"或者说话人想通过"指令"让他人去做某事是最常见的道义情态（Palmer，2001：70；Searle，1983：166）。彭利贞（2019：17）认为，从言外之意来说，表道义情态的"不能不"是较为直接的指令，因为它还表达了言者要求听话人去做某事。由此，彭利贞（2019：18）进一步指出，"不能不"表达的道义情态主观性强，因为它具有言者取向的特点。例如：

（1）你不能不承认石根先生的野心是美妙的野心。

（2）你不能不佩服人家那爹妈会养孩子。

这两句中的"不能不"表达的都是道义情态 [必要]，且主语都是第二人称"你"。第二人称是典型表指令的句子的主语（彭利贞，2019：17）。

2. 事件的主观意愿

彭利贞（2019：19）指出，"意愿"是主体性的基本体现之一。他认为，表 [必要] 的"不能不"除了具有为情势所迫去做某事的意思之外，还具有发自主体内心主观的意愿去做的意思。彭利贞还认为，在第一人称的句子里，"不能不"的这种主观意愿义更为突显。例如：

（3）对此我国政府不能不表示愤慨，特提出严正抗议。

（4）我也不能不对国内语法学的前辈大师，赵元任先生，吕叔湘先生，朱德熙先生表示由衷的敬佩之情。

这两句中的"不能不"表达的都是 [必要] 义，句中的"愤慨"和"敬佩"更多的是一种主观的、发自内心的意愿，其中例（3）说话人表达的是政府的主体意愿，例（4）表达的也非迫不得已，而是言者发自内心的真实意愿。

3. 可独立完句

彭利贞（2019：18）认为，表达道义情态 [必要] 的"不能不"具有较直接

---

① 彭利贞（2019：12）指出，表道义情态的"能"的外部否定是"不能"，义为[不许可]，"不能"再与内部否定的"不"组成"不能不"，义为[不许可不]，即[必要]。

的指令义,这样言者在下指令时只要直接向听者说出指令即可,因此"不能不"句是可以独立完成交际任务的完句。例如:

(5)你不能不讲理。

(6)你不能不回来!

(7)有什么话吃完再说,不能不吃饭!

这几例都具有命令句的特点,即句子的主语是第二人称"你",施为动词做主要动词。这三句中的"不能不"表达的都是道义情态[必要]义。

4. 可以被表示加强指令的副词修饰

彭利贞(2019:19)指出,道义情态动词"不能不"经常被表现主体性的"可、千万、绝、决、绝对、总"等副词修饰,从而加强了言者指令的强度以及直接性。例如:

(8)您可千万不能不管我们。

(9)你可以骂我,但绝对不能不理我!

这两句中的"可千万"和"绝对"表达的都是加强指令强度,使指令显得更加直接,也使主体取向更加突显(彭利贞,2019:19)。

(二)表认识情态[必然]义的语义、句法特征

情态动词"能"的认识情态表达的是[可能]义,而双重否定形式"不能不"的认识情态表达的却是[必然]义[①]。"不能不"与具有静态和瞬间结果这两种情状特征[②]的动词、非自主动词、被动句同现时,表达的都是认识情态[必然]。

1. 与不同情状特征的动词同现

"不能不"可以与静态动词和瞬间结果动词同现表达认识情态。

A. 与静态动词同现

"不能不"与静态动词同现时表达[必然]义。例如:

(10)黑旋风掉下去了,你不能不知道吧?

---

① 彭利贞(2019:12)指出,表认识情态的"能"与外部否定的"不"组成"不能",义为[不可能],"不能"再与内部否定的"不"构成"不能不",义为[不可能不],即[必然]。

② 戴耀晶(1997:13)从情状的视角对动词进行了分类。详见问题4的相关内容。

（11）这不能不是一种不小的遗憾。

这两例中的"不能不"都表示认识情态 [必然]，其中主要动词"知道"和"是"都是典型的静态动词。

B. 与瞬间结果动词同现

彭利贞（2019：14）指出，瞬间结果动词具有 [-过程] 和 [+ 结果] 的特点，而动作的结果即一种状态，所以，这类动词也有静态动词的性质。"不能不"与瞬间结果动词同现表达 [必然] 义。例如：

（12）当一个人因为厌倦的缘故而失去观赏美的东西的愿望的时候，欣赏那种美的要求也不能不消失。

（13）什么都是自己对，别人不对，这样的政党或早或晚不能不垮台。

这两句中的"不能不"表达的都是认识情态 [必然]，而"消失"和"垮台"都是瞬间结果动词。

2. 与非自主动词同现

马庆株（1992：13-46）指出，非自主动词是无意识、无心的动作行为，即动作行为的发出者不能自由支配的动作行为，也表示变化和属性。"不能不"与"出现、变化"义动词、心理变化或心理状态动词、非可控动作动词、"遭受"义动词等具有 [-自主] 特点的动词同现时，表达认识情态 [必然]。

A. 与"出现、变化"义动词同现

"不能不"与"出现、变化"义动词同现时常表达认识情态。例如：

（14）……，这不能不引起全社会的震惊和深深的忧虑！

（15）这些风言风语，不能不对她造成一些影响。

（16）由于……，乡土文学不能不发生蜕变。

这几例中的"不能不"表达的都是 [必然]，而具有 [-自主] 特征的主要动词"引起、造成、发生"表达的都是"出现"义。

B. 与心理变化或心理状态动词同现

彭利贞（2019：15）指出，心理变化或心理状态动词表示心理的变化或心理状态，这类动词主要有"感到、感动、觉得、紧张、难受、吃惊、动情、犯疑、感激、激动、苦闷、想到、想起、心动、疑惑、着急、自负、自信"等。表示心理变化的动词具有非自主性，因为主体不能控制；表示心理状态的动词则兼有静态动词的性质；静态一般不能由主体之力进行改变，道义之力也不能对它们产生影响而引起这种静态的改变。无论是非自主的心理变化还是静态的心理状态，都要求与之同现的情态成分表达认识情态意义，"不能不"也一样，在这种句法环境中，不同句子中的"不能不"也都获得了认识情态 [必然] 的解释。例如：

（17）都过去那么久了，可每每想起那一幕仍不能不感到心酸。

（18）瞎老太太平时人缘儿不错，说起她的不幸，人们不能不动情。

（19）冠先生虽然没皮没脸，也不能不觉得发僵。

C. 与非可控动作动词同现

"不能不"与具有 [-自主][-可控] 特征的动作动词同现时，表达认识情态。例如：

（20）人吃五谷杂粮，不能不生病，生病不能不用药。

（21）西瓜虽美，可是论香味便不能不输给香瓜一步。

彭利贞（2019：15-16）认为，这两例中的"不能不"表达的都是 [必然] 义，句中的主要动词"生病、输"具有非自主、非可控、消极的特点，在中性语境下，人们一般无意愿去实施这类词所表示的动作，也可以说这些动词有 [-意愿] 的语义特征。

D. 与"遭受"义动词同现

彭利贞（2019：16）认为，"遭受"义动词表示的动作、行为或状态不是主语自己发出的，在语义角色上属于经事（experiencer）。因为这种行为或状态对主语来说是被动的，当然也是非自主的，主语不可能通过道义之力来实施这类行为或状态，这也使得这类句子中的"不能不"只能得到认识情态的解释。例如：

（22）进了黑店不能不挨宰。

（23）这样，他们关爱自己子女的自发行为就不能不遭到子女的抱怨。

（24）马林生不能不受到这种成千上万台电视机都在强调的欢快情绪的感染。

彭利贞（2019：16）指出，这几例中的"不能不"表达的都是 [必然] 义，句中的主要动词"挨、遭到、受到"都是具有"遭受"义的动词，这类动词表示的不是主语发出的行为，而是主语的经历。

3. 与被动句同现

"不能不"在被动句中表达的是认识情态。例如：

（25）楚雁潮不能不被她所感染。

（26）面对如此浩大的自发送行场面，也不能不被一种崇高的情感所淹没。

彭利贞（2019：16）指出，这两句中的"不能不"表达的都是 [必然] 义，这两句都表达了主语"遭受"某种行为或状态。

二、不得不

"得（dé）"属于非典型情态动词。吕叔湘（1999：155-156）认为，"得"表 [许可] 义，而"不得不"却表示客观情况迫使这样做。所以"得"表达的是道义情态 [许可]。彭利贞（2019：12-24）认为，"不得不"只表达 [必要] 义，是道义情态的最高一级，具有客观性强的特点，与消极事件、迫使类表达相容，需要借助上下文成句，可以被情态副词或别的情态动词修饰。

（一）客观性强

彭利贞（2019：17-18）指出，"不得不"的情态义客观性强，属于环境取向，表达了言者只是告诉听者某种 [必要] 是客观存在的，即道义情态 [必要]。从言外之意来说，"不得不"表达的指令是较为间接的。例如：

（27）你不得不承认，这位画家的这两幅作品足够他鉴赏、体味整整一生。

（28）当年的假设敌人现在可成了真正的敌人，你不得不佩服丁伟的战略预见性和勇气。

这两例中的"不得不"表达的都是 [必要] 义。

（二）与消极事件、迫使类表达相容

"不得不"与消极事件、迫使类表达具有天然的相容性，都表达了主体在这些情境下的迫于无奈或情非得已，因为人们一般不会有意愿去施行这种事件（彭利贞，2019：21）。例如：

（29）护士刚为他接过小便，他由于不得不当众小便而感到体面扫地，一脸

懊丧。

（30）如果说评奖结果未出来之前印家厚还存有一丝侥幸心理的话，有了结果之后他不得不彻底死心了。

（31）麦凯恩受到中间派支持，逼得布什不得不向共和党传统保守派靠拢。

（32）严重的污染迫使曼谷警察在街头执勤时不得不戴上口罩。

这几句中的"不得不"表达的都是道义情态[必要]义，都是主语在外在的客观环境下被迫去做的、而非发自内心的意愿。

（三）需要借助上下文成句

"不得不"需要借助上下文才可以表达完整的意思。例如：

（33）上课铃一响，他的脸就红了，不得不低着头，假装漫不经心地玩什么。

（34）为了世界和平与稳定，为了我们自己的国家，我们可能不得不做我们不愿意做的事情。

这两句中的"不得不"表达的都是[必要]义。例（33）中如果没有说明"上课铃一响，他的脸就红了"这个原因，后面的"不得不"句表达的意思就不完整。例（34）中如不说明是"为了世界和平与稳定，为了我们自己的国家"这个目的，后句"不得不"的表述也不完整。

（四）可以被情态副词或别的情态动词修饰

"不得不"可以被表示主观推测、推论等认识情态的情态动词或情态副词修饰，这类词是对"不得不"所表达的客观[必要]性的主观限制（彭利贞，2019：23）。例如：

（35）上届的龙头老大美国队也许不得不采取后发制人之策。

（36）在仁慈之上，还有着一种对人世凄怆乃至人性黑暗的大怜悯，人可能不得不无可避免地面对丑恶、经受厄运……

这两句中的"不得不"表达的都是道义情态，其中例（35）中的副词"也许"和例（36）中的情态动词"可能"都是对"不得不"进行的主观的推测或猜测。

三、小结

"不能不"可以表达道义情态 [必要] 和认识情态 [必然]。道义情态"不能不"具有主观性强的特点,表达了事件的主观意愿,可以独立完句,还能够被指令类副词修饰。"不能不"与静态动词、瞬间结果动词、非自主动词、被动句同现时,都可以表达认识情态 [必然]。可以与"不能不"同现的非自主动词主要有"出现、变化"义动词、心理变化或心理状态动词、非可控动作动词、"遭受"义动词等。

"不得不"只可以表达道义情态 [必要] 义,具有客观性强的特点,与消极事件、迫使类表达相容,需要借助上下文成句,可以被情态副词或别的情态动词修饰。

40."不能不"与"不得(dé)不"有哪些异同?

丁声树等(1961),吕叔湘(1999),彭利贞、刘翼斌(2012),彭利贞(2019)等都讨论过"不能不"与"不得不"的用法。下面我们将分别讨论"不能不"与"不得不"在语义、句法上的异同。

一、"不能不"与"不得不"的相同点

从问题 39 中有关"不能不"与"不得不"的介绍,可以看出两者在情态格式、情态义以及语用上都有相似之处。

(一)均为双重否定格式

双重否定就是前后出现两次否定的格式(彭利贞,2007:368-369)。从形式上来看,"不能不"和"不得不"都是一个单音节的情态动词处于两个相同的否定标记之间,它们都是典型的情态双重否定构式(彭利贞,2019:10)。

（二）都可以表达道义情态 [必要] 义

从情态语义上来讲,"不能不"和"不得不"都可以表达道义情态 [必要] 义。例如：

（1）有时候你不得不含混一点,将就一点,入乡随俗,否则,那就不好办!

（2）你可以骂我,但绝对不能不理我!

（三）语气上都可以表示强调或委婉

吕叔湘（1999：415）、卢传福（1997：41）、武惠华（2007：92）都认为"不能不"和"不得不"具有表示强调或委婉的语用作用。例如：

（3）你不能不佩服人家那爹妈会养孩子。

（4）你不得不承认,这位画家的这两幅作品足够他鉴赏、体味整整一生。

二、"不能不"与"不得不"的不同点

从问题 39 有关"不能不"与"不得不"的论述中,还可以看出两者表达的情态义项、道义情态的来源和受其他情态成分的管辖都有差异。

（一）情态义项不同

"不能不"可以表达道义情态[必要]和认识情态[必然]两种情态义,而"不得不"只表达道义情态 [必要] 义。例如：

（5）这不能不是一种不小的遗憾。

（6）你不能不讲理。

（7）上课铃一响,他的脸就红了,不得不低着头,假装漫不经心地玩什么。

例（5）和例（6）中的"不能不"表达的分别是 [必然] 义和 [必要] 义。例（7）中的"不得不"表达的是 [必要] 义。

（二）道义情态的来源不同

"不能不"与"不得不"虽然都可以表达道义情态 [必要],但两者在道义来源的主客观性以及是否有主观意愿方面却不尽相同。

1. 主观性与客观性

彭利贞（2019：17）指出，"不能不"的道义情态来源于言者自身，具有较强的主观性，而"不得不"源自外在的客观环境，有着客观性的特点。例如：

（8）瞎老太太平时人缘儿不错，说起她的不幸，人们不能不动情。

（9）严重的污染迫使曼谷警察在街头执勤时不得不戴上口罩。

2. 意愿与非意愿

从意愿的角度来说，彭利贞（2019：19）指出，"不能不"是出自内心主观的 [必要] 而愿意做某事，而"不得不"则是迫于外在客观的 [必要] 无奈地去做某事，是非自愿的。例如：

（10）对此我国政府不能不表示愤慨，特提出严正抗议。

（11）上课铃一响，他的脸就红了，不得不低着头，假装漫不经心地玩什么。

（三）受其他情态成分的管辖不同

彭利贞（2019：21-23）指出，情态成分有着连续同现的特点，主观性越强的情态成分，越有可能出现在几个连续同现项的最前面，客观性强的成分，则有可能出现在几个连续同现项的最后。因此，彭利贞（2019：21-23）认为，客观性较强的"不得不"可以被具有主观性特征的情态动词或情态副词修饰，而主观性较强的"不能不"则不可以被这类情态成分限制。例如：

（12）上届的龙头老大美国队也许不得不采取后发制人之策。

（13）在仁慈之上，还有着一种对人世凄怆乃至人性黑暗的大怜悯，人可能不得不无可避免地面对丑恶、经受厄运……

三、小结

"不能不"与"不得不"的相同之处主要有：第一，"不能不"与"不得不"都是典型的情态双重否定构式。第二，"不能不"与"不得不"都可以表达道义情态 [必要] 义。第三，"不能不"与"不得不"在语气上都可以表示强调或委婉。

"不能不"与"不得不"的不同之处主要有：第一，"不能不"可以表达道义情态 [必要] 和认识情态 [必然] 两种情态义，而"不得不"只表达道义情态 [必要] 义。第二，"不能不"的道义情态来源于言者自身，具有较强的主观性，而

"不得不"的道义情态源自外在的客观环境，有着客观性的特点；"不能不"是出自内心主观的[必要]而愿意做某事，而"不得不"是迫于外在客观的[必要]无奈地去做某事，是非自愿的。第三，客观性较强的"不得不"可以被具有主观性特征的情态动词或情态副词修饰，而主观性较强的"不能不"却不可以。

41. "能""会"与"可以"表动力情态[能力]义时有何异同？

情态动词"能""会"与"可以"都可以表达动力情态[能力]，不过，在很多情况下，它们在表达[能力]义时却不能互相替换。

一、可以用"能"和"会"，不能用"可以"

"能"和"会"都可以表示"刚学会的技能或能力""本能""擅长"，一般也可以替换，而"可以"的[能力]义多半是从"有条件"来说的，所以在这类语境中，不能用"可以"。例如：

（1）a. 他会写字了。

　　　b. 他能写字了。

　　　c.* 他可以写字了。

（2）a. 邻居家的小孩刚能走。

　　　b. 邻居家的小孩刚会走。

　　　c.* 邻居家的小孩刚可以走。

（3）a. 鸭子会浮水。

　　　b. 鸭子能浮水。

　　　c.* 鸭子可以浮水。

（4）a. 他很会吃。

　　　b. 他很能吃。

　　　c.* 他很可以吃。

上面的"能"和"会"表达的都是动力情态 [能力]。其中例（1）表达的是刚获得的技能，例（2）表示后天习得的能力，例（3）表达的是鸭子的本能，例（4）表示擅长。

二、可以用"能"和"可以"，不能用"会"

彭利贞（2007：156）认为，"能"和"可以"都能表达 [能力] 义、[条件] 义和 [用途] 义，且可以替换，不过"能"是从主语主动的角度来实现做某事的能力，"可以"则是从无障碍的角度来实现做某事的能力。而"会"却没有表示这类能力的用法。此外，彭利贞（2007：333）还指出，表 [能力] 的"能"和"可以"都有"离散量"的特征，也就是说这种 [能力] 义有着相对清晰的边界，是有界的；然而，"能"表达的 [能力] 是一种包括主体内在意愿的内在能力，而"可以"表达的 [能力] 则是主体使某一事件成真时无障碍的能力。例如：

（5）a.我学过汉语，这篇文章我能看懂。

　　b.我学过汉语，这篇文章我可以看懂。

　　c.*我学过汉语，这篇文章我会看懂。

（6）a.骆驼能好几天不吃东西。

　　b.骆驼可以好几天不吃东西。

　　c.*骆驼会好几天不吃东西。

（7）a.他一天能记住60个生词。

　　b.他一天可以记住 60 个生词。

　　c.*他一天会记住 60 个生词。

（8）a.他脚伤好了，能走路了。

　　b.他脚伤好了，可以走路了。

　　c.*他脚伤好了，会走路了。

（9）a.我很彷徨，很茫然，没人可以商量。

　　b.我很彷徨，很茫然，没人能商量。

　　c.*我很彷徨，很茫然，没人会商量。

以上例句中的 "能" 和 "可以" 表达的都是 [能力] 义。其中例（5）和例（6）表达的都是 "有生物的能力"，例（7）～（9）分别表示 "能力达到一定程度、水平""能力恢复" 和 "有条件做某事"。

三、只能用 "能"

有生物的能力、本能和用途的否定形式都用 "不能"，而不能用 "不可以"或 "不会"。例如：

（10）a.骆驼不能好几天不吃东西。

b.*骆驼不可以好几天不吃东西。

c.*骆驼不会好几天不吃东西。

（11）a.木材不经过防腐处理，就不能做枕木。

b.*木材不经过防腐处理，就不可以做枕木。

c.*木材不经过防腐处理，就不会做枕木。

（12）a.他的这个愿望始终没能实现。

b.*他的这个愿望始终没可以实现。

c.*他的这个愿望始终没会实现。

傅雨贤、周小兵（1991），吕叔湘（1999），刘月华等（2001）都指出，表 [能力][用途] 的 "可以" 的否定形式是 "不能"，如例（10）和例（11）。彭利贞（2007：346）认为，"没" 可以否定表 [能力] 的 "能"，而不可以否定表 [能力] 的 "可以" 和 "会"，因为 "可以" 表示 "极大量"，而 "会" 是 "均质" 的①，如例（12）。石毓智（2001：53）指出，量大的事物肯定性强，语义程度极大的词语，只能用于肯定结构。彭利贞（2007：335）也指出，语义极大量的情态动词都不可以被否定。

四、只能用 "会"

"技能" 的否定形式一般是 "不会"，而不用 "不能" 或 "不可以"。例如：

---

① 详见问题46的相关内容。

（13）a.我想我得坦率地告诉你，我不会做菜，我也不愿意做菜。

　　　b.我想我得坦率地告诉你，我不能做菜，我也不愿意做菜。

　　　c.我想我得坦率地告诉你，我不可以做菜，我也不愿意做菜。

（14）a.她没有唱，她不会唱歌。

　　　b.她没有唱，她不能唱歌。

　　　c.她没有唱，她不可以唱歌。

例（13a）和例（14a）中的"不会"表达的都是对"技能"的否定。而例（13）和例（14）中的"不能"和"不可以"表达的都是"禁止"，也就是对 [许可] 的否定。

五、只能用"可以"

"可以"可以表达动力情态 [能力] 义中的 [条件]。例如：

（15）a.这项工作我没有经验，不过我可以试试。

　　　b.? 这项工作我没有经验，不过我能试试。

　　　c.* 这项工作我没有经验，不过我会试试。

（16）a.他不在不要紧，我可以等他。

　　　b.? 他不在不要紧，我能等他。

　　　c.* 他不在不要紧，我会等他。

上面例句中的"可以"表达的都是 [条件] 义，都不可以换成"能"或"会"。不过，例（16b）可以改成"他不在不要紧，我能等"。

六、小结

"能"和"会"都可以表示"刚学会的技能或能力""本能"和"擅长"，而"可以"没有这样的用法。

"能"和"可以"都可以表达"有生物的能力""能力达到一定程度、水平""能力恢复"和"有条件做某事"，而"会"很少有这样的用法。

"有生物的能力""本能""用途"的否定形式是"不能"，而不是"不会"或"不可以"。

对"技能"的否定一般用"不会"。

"可以"在表达 [条件] 义时一般不可以换成"能"。

42.表示认识情态的"能""会"和"要"之间的区别是什么？

情态动词"能""会"和"要"都可以表达认识情态。不过，它们的情态义、情态强弱以及句法表现却不尽相同。

一、表达的情态义与可能性的强度不同

认识情态内部的强弱等级表现为"不可能＜可能＜盖然＜必然"的连续统（彭利贞，2007：39）。彭利贞（2007：159）指出，情态动词"能""会"和"要"的情态义分别是 [可能][盖然][必然][1]，而它们的情态义正好对应的是认识情态内部由弱到强的强度等级，即"可能＜盖然＜必然"。

（一）"能"的认识情态 [可能] 义

认识情态"能"表达的是"有可能"，可以对过去、现在、将来的可能性进行推测。不过，陆庆和（2006：143）指出，"能"通常只可以表达积极的、正面的可能性，而不能表达消极的可能性。例如：

（1）大家都没想到老师能来。

（2）这件事他能不知道吗？

（3）电影已经演了一半了，他不能来了。

（4）下这么大雨，他能来吗？

（5）今天小刘能到北京吗？

---

① 林刘巍（2019：50-51）应用"可能世界"的概念界定了认识情态的三个强度等级，即 [必然] 是指命题在所有可能世界中为真，[盖然] 是指命题在多数可能世界中为真，[可能] 是指命题至少在一个可能世界中为真。

（6）今天大概能放晴了。

上面例句中的"能"表达的都是 [可能] 义，其中例（1）和例（2）中的"能"都是对过去事件的推测，例（3）和例（4）中的"能"则是对现在情况的推测，而例（5）和例（6）中的"能"都是对将来的推测。例（2）中的"知道"是静态动词，除此之外，"愁、担心、放心、感动、害怕、害羞、后悔、怀疑、满意、满足、明白、佩服、屈服、伤心、失望、误会、误解"等静态动词与"能"构成反问句时，也都可以表达认识情态。例（3）和例（4）中的动词"来"都是言者希望发生的动作。可见，"能"在表达言者所期望发生的事情的可能性时，其形式可以是肯定、否定或者疑问的形式。

（二）"会"的认识情态 [盖然] 义

第一，可以对过去、现在、将来的可能性进行推断（吕叔湘，1999：278）。彭利贞（2007：144）指出，认识情态"会"表达的是一种极高的可能性，是介于 [可能] 和 [必然] 之间的 [盖然]。陆庆和（2006：143）指出，"会"既可以表达积极的、正面的可能性，如例（9），也可以表达消极的可能性，如例（8）。

（7）过去，我是不会同意这样做的。

（8）没想到他也会病。

（9）他没想到自己会如此镇静。

（10）现在他不会在家里。

（11）看样子会下雨。

（12）明天不会下雨。

这几例中的"会"表达的都是 [盖然] 义，其中例（7）～（9）中的"会"都是对过去情况的推断，例（10）中的"会"是对现在的推断，而例（11）和例（12）中的"会"则是对将来的推断。

第二，可以对动作的实现、完成、结果进行推测（陆庆和，2006：143）。例如：

（13）没想到过了这么多年还会见到你。

（14）小明会打开箱子的。

（15）他会把电影票都退了。

第三，可以根据自然规律或者习惯对某事做出 [盖然] 性的推断，即"会"的 [习性] 义 [①]。例如：

（16）水到100度会开。

（17）这只狗会咬人。

（18）这样的傍晚，她会痴痴地望着远方的小路，等待自己出门在外的儿子。

第四，可以表达提醒或鼓励（陆庆和，2006：143-144），一般用于第二人称主语。例如：

（19）你不遵守交通规则，总有一天会出事的。

（20）只要下苦功夫，你一定会有很大的进步的。

这两例中的"会"表达的都是 [盖然] 义，其中例（19）说话人想表达的是提醒听话人注意，而例（20）则表示的是对听话人的鼓励。

（三）"要"的认识情态 [必然] 义

第一，表示说话人对事件的事实性或命题的真值的 [必然] 性推断，可以表达推定 [必然] 和假定 [必然]（即"要是"）（彭利贞，2007：139-140）。例如：

（21）苒青知道自己又要失眠了。

（22）他不知道要挨批判呀？

（23）这位痴痴呆呆的小老弟，看样子要陷入单相思了，拉他一把，义不容辞。

（24）要见着小蔡的话，问她收到老李的信没有。

（25）可你要打了别人，就等于把我给打了，咱俩没完！

这几例中的"要"表达的都是 [必然] 义，其中例（21）～（23）中的"要"表达的都是推定 [必然]。例（24）和例（25）中的"要"表示的都是假定 [必然]，也就是"要是"。

---

① 彭利贞（2007：242）认为，"会"的[习性]义仍然属于"会"表达的认识情态[盖然]的范围，也就是指说话人依据认识对象的某种习性对该事件进行[盖然]性的推断。详见本书中的问题20"'会'表示的'习性'是什么？"。

第二，可以表示将要，前面可以加"快、就"，句尾通常有"了"（吕叔湘，1999：593）。例如：

（26）要下雨了。

（27）他要回来了。

（28）前台已经要乱了！

（29）他快要毕业了。

（30）我迷迷糊糊地快要睡着了，也没听清，只是嗯嗯地点头。

第三，可以表示估计（吕叔湘，1999：593）。例如：

（31）我看得出这位李凌要比你头脑开放。

（32）她想，我最起码要比他大六七岁，但这又算什么呢，人人都觉得我比实际年龄要小，我的外表和年龄也是不成正比的。

（33）我看着他的眼睛，他的眼睛总是不停地眨着，频率要比正常人快。

第四，与"会"相比，"要"的主观推断语气更强，经常用于警告式的提醒（陆庆和，2006：144）。例如：

（34）你不遵守交通规则，总有一天要出事的。

（35）那是很野蛮的运动，要伤身体的。

二、句法表现不同

（一）"能"的认识情态

第一，常见于疑问句和否定句，否定用"不能"，很少单独回答问题（吕叔湘，1999：415）。例如：

（36）下这么大雨，他能来吗？

（37）有萝卜我们还能渴着？

（38）酒嘛，怎能没酒味儿，你又憋着什么坏呢？

（39）瑞宣知道不能放了金三爷，低声的问李四爷："尸首呢？"

第二，"不能不"表达的不是"不可能"，而是认识情态 [必然]。例如：

（40）这件事他不能不知道吧？

第三，不能用于"已经"的前面。例如：

（41）*他们能已经出发了。

（二）"会"的认识情态

第一，经常用在肯定句中（傅雨贤、周小兵，1991：190），也可以出现在否定句和疑问句中，否定用"不会"。例如：

（42）不注意安全生产，会出事故的。

（43）今天大概会放晴了。

（44）现在他不会在家里。

（45）他怎么会肯附逆呢？

（46）他会不会找个没人的地方……我的意思是，他会不会把你妈给扔了？

第二，可以单独回答问题（吕叔湘，1999：278-279）。例如：

（47）他会不会去？——会。

第三，可以放在心理动词前面（陆庆和，2006：143）。例如：

（48）我不会后悔的。

（49）大家都会喜欢她的。

第四，"不会不"与"一定"的意思接近，表达的是"极大可能"（吕叔湘，1999：279）。例如：

（50）他知道了，不会不来的。

（51）他们以前是同班同学，见了面不会不认识的。

第五，不可以与"已经"同现。例如：

（52）*会已经下雨了。

（53）*他们会已经出发了。

（三）"要"的认识情态

第一，否定形式不是"不要"，而是"不会"；正反问句中一般用"是不是要"，而不用"要不要"（吕叔湘，1999：592）。例如：

（54）天是不是要下雨？

（55）今年他是不是要毕业了？

第二，比较句中的"要"可以表示估计（吕叔湘，1999：593），即说话人在对比的基础上做出的必然性推断（彭利贞，2007：159）。这里的"要"可以用在"比"或者"得"的后面，也能放在"比"的前面，意思相同（吕叔湘，1999：592-593）。例如：

（56）他要比我走得快些。

（57）他比我要走得快些。

（58）他比我走得要快些。

（59）报告说明年的经济形势要比今年好。

（60）天气预报说今天气温上升，我怎么觉得今天比昨天要冷一点呢？

（61）这两张照片前一张要清楚些。

第三，前面可以加"会"，句尾可以加"的"（吕叔湘，1999：592）。例如：

（62）看样子会要下雨。

（63）要是往日，他会要她们重报的。

（64）不顾实际一味蛮干，这样会要失败的。

三、小结

认识情态动词"能""会"和"要"的情态义分别是[可能][盖然][必然]，其强度等级为"可能＜盖然＜必然"。

"能"的认识情态可以对过去、现在、将来的可能性进行推测，通常不可以表达消极的可能性。

"会"的认识情态是介于[可能]和[必然]之间的[盖然]，可以对过去、现在、将来的可能性进行推断；既可以表达积极的、正面的可能性，也可以表达消极的可能性；可以对动作的实现、完成、结果进行推测，也可以根据自然规律或者习惯对某事做出推断，还可以表达提醒或鼓励。

"要"的认识情态可以表达推定[必然]和假定[必然]（即"要是"），可以表示将要，也可以表示估计，经常用于警告式的提醒。

"能"的 [可能] 义常见于疑问句和否定句，否定用"不能"，很少单独回答问题，不能放在"已经"的前面，"不能不"表示 [必然]。

"会"的 [盖然] 义可以出现在肯定句、否定句和疑问句中，否定用"不会"，可以单独回答问题，可以放在心理动词前面，不可以与"已经"同现，"不会不"表示极大的可能。

表 [必然] 的"要"的否定形式是"不会"；正反问句中一般用"是不是要"；"要"在比较句中可以表示估计，可以用在"比"或者"得"的后面，也能放在"比"的前面；"要"的前面可以加"会"，句尾可以加"的"。

第二部分　习得篇

一、汉外对比

43. "能"和"会"在泰语中是如何表示的？

吕叔湘在《通过对比研究语法》[①]中指出，要认识汉语的特点，就要跟非汉语比较。而对外汉语教学最有效的方法就是中外语言的比较教学（王力，1985：4）。第二语言教学的对比研究主要有"语法和语音""语言表达法"和"语言心理"三个层面（潘文国，2003：7），而教学则应当结合所学语言的特点来进行（潘文国，2006：1）。Stockwell, Bowen and Martin（1965）提出了五种母语和目的语之间"结构"或者"功能/语义"的对应情况：（1）分裂，母语中的一个语言项在目的语中分裂为两项以上；（2）新增，母语中没有的语言项目在目的语中有；（3）缺失，母语中有的语言项目，到目的语中没有了；（4）合并，母语中的两个或多个语言项目到目的语中合并成一个；（5）对应，母语中的语言项目与目的语对应。（转引自肖奚强等，2012：6）Prator（1967）指出，在形式和分布上，母语与目的语的相同项通常会有差异。

下面我们将以泰语为例，先介绍泰语的语法特征，然后再分别介绍现代汉语情态动词"能"和"会"在泰语中所对应的表达形式。

---

① 该文是根据1977年5月5号吕叔湘在北京语言大学（原北京语言学院）演讲的记录整理而成的。

一、泰语的语法特点

洪堡特按词的结构将语言分为孤立语、屈折语、黏着语和多式综合语[①]。汉语和泰语都属于孤立语。泰语语法的主要特点有：没有严格意义上的词形变化；具有孤立语的典型特点，即词与词之间的关系及其语法作用主要是通过词序和虚词等来实现的；基本语序也是 SVO（即主谓宾）；表义时与汉语一样，其语序有着非常重要的作用（裴晓睿、薄文泽，2017：2、227）。

二、"能"和"会"在泰语中的表达形式

从上面的介绍我们可以看出，汉语语法与泰语语法有相似之处。那么，汉语的情态动词"能"和"会"在泰语中是否会有对应的表达方式？汉语和泰语都有助动词，不过，泰语的助动词可以使动词实现语气、时态、语态等语法功能，主要有前附助动词、中间助动词和后附助动词三种；泰语的情态动词也有动力情态、道义情态和认识情态三种语义类型（Phraya Uppakitsillapasan，1937；Chimpaiboon，1966）（转引自徐美玲，2016：17-31）。除了助动词之外，泰语中的副词和动词在语义上也可以与汉语的情态动词产生对应关系，不过，在句法表现上却有所不同，泰语的助动词和这类动词一般是"Aux/V+V/VP"的形式，而泰语的这类副词和动词的组合却是"V/VP+Adv"的结构（王小梅，2017：224-225）。下面我们分别来看看汉语情态动词"能"和"会"在泰语中有哪些对应形式。

（一）情态动词"能"在泰语中的表达形式

现代汉语的情态动词"能"与泰语的情态动词"dai"都可以表达动力情态

[①] 孤立语就是一个词表示一个意思，而词与词之间的关系及语法作用是通过词序和虚词来实现的，如汉语、泰语、藏语等；屈折语中词与词的语法关系是由词形变化来表达的（即由词汇义和语法义组成的），是单词内的变化，如英语、梵语、法语等；黏着语的语法意义是通过词尾变化来实现的，但不是内部屈折，每种语法意义通常由一个变词语素来表达，如芬兰语、韩语、日语等；多式综合语也叫"抱合语"或"编插语"，介于黏着语和屈折语之间，该语言的语句常常是以一个词（词干、词根）为中心，词汇意义和语法意义由多个语素（前缀、中缀、后缀）组合而成，一个词就等同于一个句子，如爱斯基摩语、日本的阿伊努语、美国印第安土著语等（皮细庚，1987：1；刘润清，2013：57；孙田，2017：281）。

[能力]、道义情态 [许可] 和认识情态 [可能]，它们在语义和句法上的异同见表 43-1 和表 43-2（徐美玲，2016：55-60、167）。

表 43-1　情态动词"能"与泰语情态动词"dai"的情态语义对比表

情态类型		语义	能	dai
认识情态	[可能]	对过去事件的可能性推测	+	+（已然事件）
		对现在 / 未来事件的可能性推测	+	（未然，疑问或陈述）用 ja；（未然，反问）用 ja…dai
道义情态	[许可]	允许做某事	+	+
动力情态	[能力]	有能力做某事	+	+
		用途	+	+
		有条件做某事	+	+
		能力的恢复	+	+
		能力达到一定程度、水平	+	+
		善于做某事	+	−

表 43-2　情态动词"能"与泰语情态动词"dai"的情态表达的句法对比表

句法特点			能			dai		
			[能力]	[许可]	[可能]	[能力]	[许可]	[可能]
主语		第一人称	+	+	+	+	+	+
		第二人称	+	+	+	+	+	+
		第三人称	+	+	+	+	+	+
句类	陈述句	肯定形式	+	−	−	+	+	（未然）用 ja
		否定形式	+	+	+	+	+	−
	疑问句		+	+	+	+	+	（已然）反问句用 dai；（未然）疑问句用 ja；（未然）反问句用 ja…dai

续表

句法特点		能			dai		
		[能力]	[许可]	[可能]	[能力]	[许可]	[可能]
否定形式		不能	不能；不能不（表[必要]）	对命题或情态的否定：不能不（表[必然]）	对情态的否定：mai dai	对情态的否定：mai dai	对情态的否定：mai dai
可连用的情态	认识情态	+	+	+	+	+	−
	非认识情态	+	+	+	+	+	+

（二）情态动词"会"在泰语中的表达形式

现代汉语情态动词"会"与泰语的情态动词"dai"可以对应，还能与泰语表认识情态[盖然]的情态动词"ja"①对应，它们在语义和句法方面的异同见表43-3和表43-4（徐美玲，2016：167）。

表43-3　情态动词"会"与泰语情态动词"dai"和"ja"的情态表达的语义对比表

情态类型		语义	会	dai	ja
认识情态	[盖然]	表现在、将来的可能性	+	−	+
		表过去的可能性	+	+	+
动力情态	[能力]	有能力做某事	+	+	+
		善于做某事	+	+	−

---

① 徐美玲（2016：54）指出，"ja"还可以表达道义情态[保证、承诺]义，与汉语的情态动词"会"相对应。不过，本书将"会"的这种[承诺]义看作是认识情态，所以"ja"的这一义项不再单列，而是归并在"ja"的认识情态中。

表 43-4 情态动词"会"与泰语情态动词"dai"和"ja"的情态表达的句法对比表①

句法特点			会		dai		ja
			[能力]	[盖然]	[能力]	[盖然]	[盖然]
主语	第一人称		+	+	+	+	+
	第二人称		+	+	+	+	? －
	第三人称		+	+	+	+	+
句类	陈述句	肯定形式	+	+	+	+	
		否定形式	+	+	－		－
	疑问句		+	+	－	反问句	疑问句或反问句
否定形式			不会	对命题或情态的否定：不会；双重否定：不会不（表[必然]）	对情态的否定	mai naja mai 表示"不会不"	ja 不能被否定；只能对命题否定，即 ja mai
副词修饰与否			+	－	－	－	+
可连用的情态	认识情态		+	+	－	－	+
	非认识情态		+	+	+	+	+

三、小结

泰语情态动词"dai"与汉语情态动词"能"一样，都可以表达动力情态 [能力]、道义情态 [许可] 和认识情态 [可能]。不过，"能"可以对过去、现在和未来事件的可能性进行推测，而"dai"却只可以对过去的事件进行推测。在推测未来事件时，疑问或陈述句中使用"ja"，反问句中用"ja…dai"。

泰语的情态动词"dai"与汉语情态动词"会"相似，都可以表达动力情态 [能力] 和认识情态 [盖然]。泰语"ja"和汉语"会"都可以对过去、现在、将

---

① 有关"会"的用法参照的是彭利贞（2007）的相关论述。泰语情态动词"dai"和"ja"的用法参照的是徐美玲（2016）的结论。

来的可能性进行推断，而“dai”却只能对过去的事件进行推断。

总而言之，汉语中“能”和“会”的大部分情态义在泰语中对应的都是“dai”，且句法表现也很相似，少数情况下，泰语中不用“dai”而用“ja…dai”或“ja”。

44. “能”和“会”在韩语和日语中是如何表示的?

一、韩语和日语的语法特点

洪堡特按词的结构将语言分为孤立语、屈折语、黏着语和多式综合语。汉语和泰语都属于孤立语，而韩语和日语都是黏着语。下面我们分别来看看韩语和日语的语法特点。

（一）韩语的语法特点

韩语语法的主要特点是：语法关系是依靠助词和词尾来表达的，且表达方式较灵活；词尾的数量多且变化复杂；几个助词和词尾可以连用，其语法含义会因语境而产生变化；基本语序是SOV（即主宾谓）；惯用组合通常是由助词和词尾与辅助动词、辅助形容词、依存名词（不自由名词）组合而成的。（刘沛霖，2017：21-27）

（二）日语的语法特点

日语语法的主要特点有：黏着性，词在句中的地位和作用是通过助词或助动词的附加来表达的；具有形态变化，日语中的动词、形容词、形容动词、助动词的词尾变化是以后面的黏着成分（即附属词①）为依据的；词序灵活，谓语通常

① 日语单词按功能划分为独立词和附属词；独立词中的动词、形容词和形容动词的词形会变化，而名词、数词、代名词、接续词、副词、连体词和感叹词等独立词却不会；附属词中的助词和助动词都不能独立做句子成分，大多数助动词的词形会变化，而助词都不会（邱根成等，2013：1）。

在句末，不过，主语与宾语、状语、补语等修饰语之间的词序没有限定，因为谓语与它们的关系是由助词来确定的（皮细庚，1987：1）。

二、"能"和"会"在韩语和日语中的表达形式

（一）"能"和"会"在韩语中的表达形式

朴玟贞（2016：15-36）指出，韩语中情态的表达方式有情态词尾、副词、动词、补助词、语末词尾等形式，而表达情态义的"[转成词尾]+[依存名词]+[辅助用言（即谓词）]"和"[连接词尾]+[辅助谓词]"与汉语情态动词具有对应关系，不过，汉韩情态的表达形式没有一一对应的关系，通常是一对多或多对一。下面我们来看看汉语情态动词"能"和"会"在韩语中的对应形式有哪些。

1. 情态动词"能"在韩语中的表达形式

现代汉语情态动词"能"与韩语的情态词尾"-l sui ss-"都可以表达动力情态 [能力]、道义情态 [许可] 和认识情态 [可能]，不过它们在语义和句法上都有差异，见表 44-1 和表 44-2（朴玟贞，2016：190）。

表 44-1　情态动词"能"与韩语情态词尾"-l sui ss-"的情态表达的语义对比表

情态类型		语义	能	-l sui ss-
认识情态	[可能]	有一定确信程度的可能性判断	+	+
道义情态	[许可]	情理上的许可	+	+
		环境上的许可	+	+
动力情态	[能力]	有能力做某事	+	+
		用途	+	+
		有条件做某事	+	−
		善于做某事	+	−

表 44-2　情态动词"能"与韩语情态词尾"-l sui ss-"的情态表达的句法对比表

语法特点		能			-l sui ss-		
		[能力]	[许可]	[可能]	[能力]	[许可]	[可能]
主语	第一人称	+	+	+	+	+	有限
	第二人称	+	+	+	+	+	有限
	第三人称	+	+	+	+	+	+
谓词属性	动态性	+	+	-	+	+	+
	状态性	+	+	+	-	-	有限
句类	陈述句 肯定形式	+	+	+	+	-	-
	陈述句 否定形式	+	+	+	+	-	-
	疑问句	+	+	+	+	+	
否定形式		不能	不能；不能不（表[必要]）	对命题或情态否定：不能不（表[必然]）	-l su eops-	-l su eops-	对命题或情态否定：双重否定表[必然]
体标记	完成、经历	+	+	+	+	+	-
	持续、进行	+	+	+	+	+	
副词修饰与否		+	-	+	-	-	
可连用的情态	认识情态	+	+	+	[盖然][必然]	[盖然][必然]	+
	非认识情态	+	+	+	[义务]	[义务]	+

2. 情态动词"会"在韩语中的表达形式

现代汉语情态动词"会"与韩语表动力情态 [能力] 的情态词尾 "-l jul al-" 完全对应，还与韩语表认识情态 [盖然] 的情态词尾 "-l geos-i-" 和 "-l geos gat-" 对应，它们在语义和句法方面的异同，见表 44-3 和表 44-4（朴玟贞，2016：82)。

表 44-3 "会"与韩语情态词尾"-l jul al-""-l geos-i-"和"-l geos gat-"的
情态表达的语义对比表

情态类型		语义	会	-l jul al-	-l geos-i-	-l geos gat-
认识情态	[盖然]	表示推断	+	-	+	+
动力情态	[能力]	有能力做某事	+	+	-	-
		善于做某事	+	-	-	-

表 44-4 "会"与韩语情态词尾"-l jul al-""-l geos-i-"和"-l geos gat-"的
情态表达的句法对比表 ①

句法特点			会		-l jul al-	-l geos-i-	-l geos gat-
			[能力]	[盖然]	[能力]	[盖然]	[盖然]
主语	第一人称		+	+	+	-	+
	第二人称		+	+	+	+	+
	第三人称		+	+	+	+	+
句类	陈述句	肯定形式	+	+	+	+	+
		否定形式	+	+	+	-	+
	疑问句		+	+	+	-	-
否定形式			不会	对命题或情态的否定：不会；不会不（表[必然]）	对情态的否定：-l jul mo-reu- -l jul al-ji mos-ha-	对命题的否定	对命题或情态的否定：-l geos gat-ji anh-
体标记	完成、经历		+	+	+	+	+
	持续、进行		-	+	+	+	+
副词修饰与否			+	-	-	-	-
可连用的情态	认识情态		+	+	+	只与表[可能]的"-l sui ss-"连用	
	非认识情态		+	+	+	+	+

① 有关"会"的用法参照的是彭利贞（2007）的相关论述。韩语情态词尾"-l jul al-""-l geos-i-"和"-l geos gat-"的用法参照的是朴玟贞（2016）的结论。

（二）"能"和"会"在日语中的表达形式

虽然韩语和日语都是黏着语，但是日语的情态系统要更加繁杂。王晓华（2011：52、154）认为，日语情态的表现方式主要有情态动词（助动词）、动词的屈折（活用形）、附着形式、终助词、动词性复合形式等；这些情态标识（marker）[①]不仅数量多，而且它们的意义功能与其形态、时、体、态、人称、动词等都有密切关系；这些情态标识通常黏着在命题的谓语部分后面，通过相关的形态变化复合黏着，越靠近句子末尾处的情态主观性越大，对于句子的统摄域（作用域）越大；情态标识的形态变化出现在它们的前后，谓语部分也具有极性、时的变化，而形态变化也会引起意义的变化；相同语义范畴的日汉情态标识呈现错综复杂、相互交叉的对应关系；情态标识的过去与非过去有时呈现意义分布的不同。下面我们来看看汉语情态动词"能"和"会"在日语中有哪些对应形式。

1. 情态动词"能"在日语中的表达形式

现代汉语的情态动词"能"可以对应日语中的"动词未然形＋（ら）れる、动词连体形＋ことができる、动词连用形＋うる（える）、可能动词、动词（できる）、ものだ"等形式，"能"在日语中还可以由双重否定（ずにいられない、なければならない等）来表示，而"不能"在日语中可以用"动词连用形＋かねる"或"动词连体形＋わけにわいかない"来表示，见表44-5（王晓华，2011：80-82；皮细庚，1987：186-188）。

表 44-5　情态动词"能"与日语所对应的情态表达形式

情态类型	"能"的语义		日语中的对应形式
认识情态	[可能]	有一定确信程度的可能性判断	（ら）れる
道义情态	[许可]	许可	られない（不能）；（ない）わけにわいかない（不能）；ずにいられない（不能）；ではならない（不能不）；なければならない（不能不）

---

① 王晓华（2011：55）用"标识（marker）"表示日语中表达情态义的符号，例如情态动词（助动词）、活用形、动词性复合形式、终助词等。

续表

情态类型		"能"的语义	日语中的对应形式
动力情态	[能力]	有能力做某事	（ら）れる
		用途	できる
		有条件做某事	できる

2. 情态动词"会"在日语中的表达形式

汉语情态动词"会"与日语中的"动词未然形 +（ら）れる、动词（できる）、（ない）だろう、でしょう、はずだ、はず、分る、知る、はずはない、ことはない"等形式对应，见表 44-6（王晓华，2011：80；柯辛佩，1984：57-62）。

表 44-6　情态动词"会"与日语所对应的情态表达形式

情态类型		"会"的语义	日语中的对应形式
认识情态	[盖然]	极可能	はず（ない）；ことはない；（ない）だろう
动力情态	[能力]	有能力做某事	できる；（ら）れる；分る；知る
		善于做某事	うまい；上手

三、小结

韩语的情态词尾"-l sui ss-"与汉语情态动词"能"都可以表达动力情态 [能力]、道义情态 [许可] 和认识情态 [可能]。不过，表 [能力] 的"能"可以表达"有条件做某事"和"善于做某事"，而"-l sui ss-"却没有这样的用法。

韩语表动力情态 [能力] 的情态词尾"-l jul al-"与汉语表动力情态的"会"用法相似。而韩语表 [盖然] 的情态词尾"-l geos-i-"和"-l geos gat-"则可以与表认识情态的"会"相对应。

日语的"（ら）れる"可以表达动力情态"能"的"有能力做某事"义，而"できる"可以表"能"的"用途"和"有条件做某事"义；"られない、（ない）わけにわいかない、ずにいられない、ではならない、なければならない"可以与道义情态"能"的用法对应；"（ら）れる"还可以与表 [可能] 的"能"对应。

日语的"できる、(ら)れる、分る、知る"与汉语表动力情态"会"的"有能力做某事"义相对应,而"うまい、上手"可以表达"会"的"善于做某事"义;"はず(ない)、ことはない、(ない)だろう"与表[盖然]的"会"相对应。

45. "能""会"与"can"有哪些异同?

汉语的"能"和"会"与英语的"can"都是多义词[①]。在汉英/英汉词典以及各种相关教科书里,情态动词"能/会"与英语情态动词"can"是相互对译的关系,但事实上这三个词并非完全对应。下面我们主要讨论它们的情态义以及句法表现上的相似与不同之处。

一、"能""会"与"can"的相似之处

"能""会"与"can"具有相同的情态类型和句法特点。

(一)相同的情态类型

"能""会"与"can"有着相同的情态类型,即动力情态和认识情态。

首先,都可以表达动力情态。"能""会"与"can"都可以表示有能力做某事,即具备某种技能。例如:

(1)他在中国住了五年,他能说汉语。

(2)他能写字了。

(3)他在中国住了五年,他会说汉语。

(4)他会写字了。

(5)They **can** speak French.(他们会/能说法语。)

(6)I **could** drive a car before I graduated from middle school.(我中学毕业前

---

① 《现代汉语词典》(第7版)明确标注出"能"可以做"名词(物理学上指能量)""形容词(有能力的)"和"助动词(能够)";"会"可以做"动词(熟习|通晓等)"和"助动词(表示懂得怎样做或有能力做|擅长|有可能实现)"。《牛津高阶英汉双解词典》(第四版)标注了"can"可以做"名词(容器|罐头|牢房)""动词(放入密封罐保存)"和"助动词(能力|许可|可能性)"。

就会 / 能开车了。）

　　其次，都可以表达认识情态。"能""会"与"can"都可以表示"有可能"，不过，情态的强度有所不同。"能"和"can"都表示 [可能] 义，而 "会" 表达的是一种极高的可能性，是介于 [可能] 和 [必然] 之间的 [盖然] 义（彭利贞，2007：144）。例如：

　　（7）今天大概能放晴了。

　　（8）下这么大雨，他能来吗?

　　（9）今天大概会放晴了。

　　（10）下这么大雨，他会来吗?

　　（11）I am confident that a solution **can** be found.（我相信会 / 能找到解决的办法。）

　　（12）**Can** he still be alive after such a long time?（经过这么长时间，他还能 / 会活着吗?）

（二）相同的句法表现

　　"能""会"与"can"还有着相同的句法特点。它们都可以放在动词的前面，而且都具有编码（coding）① 功能。

　　首先，都可以放在动词前。例如：

　　（13）女人安安静静地养了一个月。她已经能做一点轻微的工作了。

　　（14）现在他不会在家里。

　　（15）Don't worry about me. I **can take** care of myself.（你别担心我，我能照顾好自己。）

　　上面例句中的动词"做""在"和"take"分别跟在"能""会"和"can"后面。可见，"能""会"和"can"有着相同的句法位置，即都可以放在动词的前面。不过，例（13）中的"能"表示的是动力情态 [能力] 义，即工作能力已恢复。例（14）中的"会"表示的是认识情态 [盖然] 义。例（15）中的"can"

---

① Huddleston（1976：333）认为，英语的助动词具有 "代码化（code）" 的特征，例如 "He can swim, and so can she." 中的动词 "swim" 被后一个 "can" 代码化了。

表示的也是动力情态 [能力] 义。

其次，都有编码功能。"能""会"和"can"在表示动力情态时，承前句，它们后边的动词短语都可以经过"编码"而融入这些情态动词，形成这些情态动词后整个动词短语的省略。例如：

（16）他能游过长江，我也能。

（17）他会游泳，我也会。

（18）He **can** swim, and so **can** I.

二、"能""会"与"can"的不同之处

"能"和"会"的动力情态和认识情态的差异在问题 41 和问题 42 中已有阐述，本节主要来看一下"能""会"与"can"之间在语义及句法上的不同。

（一）情态义的差异

"能""会"与"can"在表达具体的情态义时，有一些显著的差别。

第一，"能"和"会"都可以表达动力情态中的"本能"或"擅长做某事"，而"can"没有这样的用法。例如：

（19）鸭子能浮水。

（20）鸭子会浮水。

（21）他很能吃。

（22）他很会吃。

第二，"能"与"can"都可以表达道义情态，而"会"没有这样的用法。例如：

（23）要中心突出，主题鲜明，结构完整，语言流畅……对了，还不能有错别字。

（24）你怎么能这么说我呢？

（25）We **can't** answer any questions, I'm afraid.（恐怕我们不能回答任何问题。）

（26）**Can** I read your newspaper?（我能看看你的报纸吗？）

上面这几例中的"能"与"can"都表示道义情态。其中例（23）中的"不能"表示对 [许可] 的否定，即"禁止"。例（24）是反问句，这里的"能"表示"不应该"。例（25）中的"can't"也是对 [许可] 的否定，即"禁止"。例（26）中的"can"表示 [许可] 义。

第三，"能"与"can"都可以表示动力情态中的"能力达到一定程度、水平"，而"会"没有这样的用法。例如：

（27）她一分钟能打一百六十个字。

（28）他一天能记住60个生词。

（29）Kazuo **can** run a mile in six minutes.（和夫6分钟能跑一英里。）

（30）This machine **can** perform two million calculations per second.（这台机器每秒能计算两百万次。）

第四，"能"和"可以"之间的区别类似于"can"和"may"之间的差别，而"会"却没有这样的区分。Sweetser（1990：53）认为，"can"就像是汽车上的油箱已装满汽油，而"may"相当于车库门开着；"can"强调的是致能条件，而"may"则强调的是无障碍。彭利贞（2007：336）指出，Sweetser 对"can"和"may"的分析在一定程度上可以比附汉语表示能力的"能"与"可以"的分析；即"能"从正面发出致能条件，而"可以"则从负面的角度对障碍进行否定。例如：

（31）他脚伤好了，能走路了。

（32）他脚伤好了，可以走路了。

（33）I **can** lift fifty pounds.（我能举起五十磅。）

（34）I **may** lift fifty pounds.（我可以举起五十磅。）

（二）句法表现的差异

"能""会"与"can"在句法表现上也有一些差异。

第一，"能"和"会"可以与其他情态动词连用，而"can"却不可以[①]。

---

① Palmer（2001：100）指出，英语的情态动词除在一些方言中以外是不可以同现的。

例如：

（35）你还能愿意在他身边么？

（36）温都太太点了点头，心中颇惊讶马威会能猜透了这个。

（37）*will can come。

例（35）中的"能"与表动力情态的"愿意"同现，表示认识情态[可能]。例（36）中表认识情态的"会"与表动力情态的"能"连用。例（37）是错句。

第二，"can"有过去式"could"，而"能"和"会"却没有时态的变化。例如：

（38）He **couldn't** answer the question.（他不能回答那个问题。）

第三，"can"用于一般疑问句需要倒装，而"能"和"会"是在句尾加"吗"。例如：

（39）**Can** he cook？（他会做饭吗？）

（40）能办到吗？

（41）你会做饭吗？

上面这几例中的"能""会"与"can"表达的都是动力情态。

第四，否定形式不同。"can/could"的否定形式是"can't/couldn't"①，而"能"和"会"的否定形式有"不能、没能、没能不、不能没、不能不、不会、不会没、不会不"，其中"没能不、不能没、不能不、不会没、不会不"是双重否定形式，表肯定。例如：

（42）He **couldn't** have slept through all that noise.（那么吵，他不可能睡得着觉。）

（43）我确实不能喝，喝就脸红。

（44）很多人终其一生也没能找到。

（45）想不到，最终她还是没能不伤到他。

（46）是啊，人不能没有信仰，不能没有追求，不能没有归宿。

（47）那格格的哭声是悲怆而奔放的，不能不引起我强烈的共鸣。

---

① "can't"还是表认识情态[必然]的"must"的否定形式。

（48）他不会来得那么巧。

（49）这一声绝对不会没有意义。

（50）她是机灵人，不会不懂的。

例（42）中的"could"表示认识情态 [盖然]，"couldn't"是它的否定形式。例（43）和例（44）中的"能"表达的都是动力情态，"不能"和"没能"是"能"的否定形式。例（45）～（47）中的"没能不、不能没、不能不"是"能"的双重否定形式，表肯定。其中例（45）中的"没能不"表示的是动力情态 [能力] 义，例（46）中的"不能没"表达的是道义情态 [许可] 义，而例（47）中的"不能不"表示认识情态 [可能] 义。例（48）～（50）中的"会"表达的都是认识情态 [盖然]，其中"不会"是"会"的否定形式，而"不会没、不会不"是"会"的双重否定形式，表肯定。

三、小结

"能""会"与"can"具有相同的情态类型和句法特点。"能""会"与"can"在语义上都可以表达动力情态和认识情态，而在句法上，它们都可以放在动词前面，且都具有编码功能。

"能""会"与"can"在语义和句法上也有差异。在表达情态义时，"能"和"会"都可以表达动力情态中的"本能"或"擅长做某事"，而"can"没有这样的用法；"能"与"can"都可以表达道义情态，而"会"没有这样的用法；"能"与"can"都可以表示动力情态中"能力达到一定程度、水平"，而"会"没有这样的用法；"能"和"可以"之间的区别类似于"can"和"may"之间的差别，而"会"却没有这样的区分。

"能""会"与"can"在句法表现上也有一些差异，"能"和"会"可以与其他情态动词连用，而"can"却不可以；"can"有过去式"could"，而"能"和"会"却没有时态的变化；"can"用于一般疑问句需要倒装，而"能"和"会"是在句尾加"吗"；它们的否定形式也不同，"can/could"的否定形式是"can't/couldn't"，而"能"和"会"的否定形式有"不能、没能、没能不、不能没、不能不、不会、不会没、不会不"等。

二、偏误分析

46. 有"没能"，可以说"没会"吗？

　　"能"和"会"虽然都可以与"没"同现，但它们所表达的情态却不尽相同。"没能"和"没能不"中的"能"表达的都是动力情态 [能力] 义，而"能没"表达的是认识情态 [可能] 义，但是"不能没"表达的却是道义情态 [许可]义。[①] "会没（有）"和"不会没"表达的都是认识情态 [盖然] 义。此外，只有表达动力情态的情态动词才能受"没"的外部否定[②]，然而，由于表能力的"会"具有恒定性、习性以及均质性（即"无界性[③]"）的特征，使得其没有外部否定形式"没会"，因为"没"只否定"有界性"（彭利贞，2007：330-335）。下面我们来看看"会"的这三种特性。

一、恒定性

　　彭利贞（2007：330-332）指出，表 [能力] 的"能"具有变化性，而表 [能力] 的"会"具有恒定性。鲁晓琨（2004：239）也指出，表 [本领]（即动力情态）的"会"有着恒常性的特点，这一特点不因特定的时间、空间而变化。按石毓智（2001：23-86）"量"的概念来说，恒定性可以看作是连续性，也就是无界性，而"没"是不可以否定连续量的。此外，渡边丽玲（2000a：476-479）认为表 [能力] 的"能"可以表示特定时间或条件下的能力（当要强调在独特、

---

① 详见本书的问题5、问题7和问题9的相关内容。
② 彭利贞（2007：323）指出，在时间上"没"指向的是过去和现在，具有[-未来]的特征；"没"具有[+现实]的特性，而认识情态和道义情态具有[-现实]的特征，因此"没"与这两种情态不相容。此外，彭利贞（2007：320）还指出，只有情态动词"能、能够、敢、肯、要、想、愿意"可以被"没"或"不"进行外部否定。
③ 沈家煊（1995：370）指出，事物、动作、形状都有"有界"和"无界"的对立。无界事物的内部是同质的，而有界事物的内部是异质的；有界动作在时间上有起点和终点，而无界动作却没有或者只有起点。

个别状况中的能力，或者强调在数量上发挥时），而"会"却没有这样的用法。吕叔湘（1999：415）也指出，"能"可以表达达到某种效率，而"会"却不可以。例如：

（1）a. 他的病好了，能下床了。

b. *他的病好了，会下床了。

（2）a. 小李会刻钢板，一小时能刻九百多字。

b. *小李会刻钢板，一小时会刻九百多字。

彭利贞（2007：331）指出，例（1）想表达的是 [能力] 在时间上的变化，例（2）是要表达 [能力] 在量上的变化，因此都不可以用"会"，因为"会"所能表达的 [能力] 是没有变化的，也就是恒定的。

二、习性

彭利贞（2007：331-332）指出，"能"表达的 [能力] 可以从各个不同的角度进行限定①，而"会"表达的 [能力] 则不能进行这种限定，换句话说，"能"可以表达经过限定的能力，而"会"表达未经限定的能力。渡边丽玲（2000a：476-479）认为，只有"会"可以表达不好的习性。但我们发现情况要复杂得多。如果表达的是不好的习性，且动词没有限定成分，就只能用"会"，如例（3a），而不能用"能"，如例（3b）；如果表达的是好的习性，且动词没有限定成分，"能"和"会"都可以使用，如例（3c）；如果动词有限定成分，就只能用"能"，如例（3d），而不能用"会"，如例（3e），因为"会"的宾语出现限定成分后，句中的"会"就只能表示认识情态。

（3）a. 这只狗会咬人。

b. *这只狗能咬人。

c. 狗能 / 会看家。

d. 这只狗一次能咬很多人。

e. *这只狗一次会咬很多人。

---

① 渡边丽玲（2000a：479）也指出，在句法上"能"与"会"具有对立性，即"能"后面的动词可以带状语、补语、数量结构、介词结构，而"会"后面的动词却没有这样的用法。

由此可见，例（3d）中的"能"、例（3a）中的"会"以及例（3c）中的"能／会"都可以表达习性义。也就是说，如果动词没有限定成分，且表达的是好的习性，"能"和"会"都可以使用；如果表达的是不好的习性，则只能使用"会"；如果动词有限定成分，就只能使用"能"，而不能使用"会"。换句话说，"能"可以表达限定和非限定的能力，而"会"只能表达非限定的能力。

三、均质性

彭利贞（2007：332-333）应用石毓智（2001：31）有关"量"的概念分析了表[能力]的"会"为什么没有"没"的外部否定形式。他认为，表[能力]的"会"不可以被"时空、数量"所限定，也就是说，在内部结构上不能进行清晰的分解，所以具有连续量的均质特征，即无界性。然而，"没"是不可以否定连续量的[1]，所以，就不可以说"没会"，换句话说，"会"不可以被"没"进行外部否定，如例（4a），不过"会"可以被"不"进行外部否定，如例（4b）。

彭利贞（2007：333）还指出，表能力的"能"既有连续量的特征，又有离散量的特征。"能"在表达限定的[能力]时，有相对清晰的边界，即有界的，或者说是一种离散量，所以"能"可以被"没"进行外部否定[2]，如例（4c）。此外，表离散量的"能"也可以被"不"进行外部否定，但会变为表示认识情态，如例（4d）。而"能"在表达非限定[能力]时，具有连续量的特性，这时"能"可以被"不"进行外部否定，如例（4e），但不可以被"没"进行外部否定，如例（4f）。

（4）a.*这只狗没会咬人。

b.这只狗不会咬人。

c.这只狗一次没能咬很多人。

d.这只狗一次不能咬很多人。

e.这只狗不能看家。

---

[1]   石毓智（2001：23-86）认为，"没"可以对离散量进行否定，而"不"否定的是连续量。

[2]   "没能"只可以表达[能力]义，而"不能"除了表达[能力]义之外，还可以表达[许可]义和[可能]义，详见本书的问题13。

f.* 这只狗没能看家。

从上面的例句可以看出，由于"会"只可以表达非限定的能力，所以只能被"不"进行外部否定，而不能被"没"进行外部否定；"能"在表达非限定的能力时，外部否定形式同样也只有"不"；然而，在表达限定的能力时，"能"可以被"没"进行外部否定，也可以被"不"进行外部否定，不过这时的"不能"表达的是认识情态。

综上所述，表［能力］的"会"所具有的恒定性、习性以及均质性三个特征，说明"会"的这种［能力］具有内部均质性，而这种内部均质性特征使得表达［能力］的"会"不可以被"没"进行外部否定。

47.为什么不可以说"流感能传染，所以要戴口罩"?

二语学习者在学习过程中总会犯一些错误，如何看待这些错误，如何避免再次犯类似的错误，以及如何挖掘错误的缘由并改正，对于二语学习和二语教学来说，都是十分重要的。Corder（1967）将学习者的错误分为失误（mistakes）和偏误（errors）：失误是偶然的，如口误或笔误；而偏误是由于未掌握语言规则而犯的有规律且成系统的错误。偏误分析不仅可以帮助我们更好地了解语言规则，而且可以帮助二语学习者避免再次犯类似的错误。Richards（1971）认为，偏误的主要类型有母语干扰偏误、语内偏误和发展性偏误。Dulay、Burt、Krashen（1982）根据偏误产生的原因，把偏误分为遗漏、冗余、误代和错序。肖奚强（2001：52）认为分析偏误的原则应该是：第一，解释必须合乎语言规律；第二，应尽量从最能说明问题的角度进行分析；第三，分析应力求深入浅出，尽可能少绕弯子。下面我们来试着分析一下"流感能传染，所以要戴口罩"这个偏误用例。

虽然"能"和"会"都可以表达认识情态，不过，"能"不可以表达消极的或负面的可能性（陆庆和，2006：143），例（1a）就属于这种用法的偏误。而"会"既可以表达积极的可能性，也可以表达消极的可能性（陆庆和，2006：

143）。因此，例（1a）中的"能"应该改为"会"，也就是例（1b）。

（1）a.*流感能传染，所以要戴口罩。

　　b.流感会传染，所以要戴口罩。

例（1）中的"流感"是一种传染病，所以在表达这种病有传染的可能性时，只能用"会"。因为"能"不可以表达负面的可能性，而"会"却可以。

（2）a.山上这么冷，你不能停下来，停下来会冻坏的。

　　b.*山上这么冷，你不能停下来，停下来能冻坏的。

（3）a.你穿得这么土，人家会看不起你的。

　　b.*你穿得这么土，人家能看不起你的。

（4）a.没想到他也会病。

　　b.*没想到他也能病。

（5）a.你一定会失败的。

　　b.*你一定能失败的。

（6）a.你的伤口会烂的。

　　b.*你的伤口能烂的。

（7）a.不注意安全生产，会出事故的。

　　b.*不注意安全生产，能出事故的。

上面例句中"冻坏""看不起""病""失败""烂""出事故"都是负面的或消极的可能性，所以都不能用"能"，只可以用"会"。

在表达积极的、正面的可能性时，"能"和"会"都可以用（陆庆和，2006：143）。例如：

（8）a.他要是在场，我们准会赢。

　　b.他要是在场，我们准能赢。

（9）a.今天大概能放晴了。

　　b.今天大概会放晴了。

（10）a.这么晚了，他不能来了。

　　b.这么晚了，他不会来了。

（11）a.雨不能停了。

　　　　　b. 雨不会停了。

（12）a. 天这么晚了，他会来吗？

　　　　　b. 天这么晚了，他能来吗？

（13）a. 这件事他能不知道吗？

　　　　　b. 这件事他会不知道吗？

　　例（8）～（12）中的"赢""放晴""他来""雨停""他来"都是说话者希望发生的情况，虽然使用了"能/会"的肯定、否定或疑问形式，但表达的都是认识情态。可见，"能"和"会"在表达言者所期望发生的事情的可能性时，可以是肯定、否定或者疑问的形式。例（13）中的"知道"是静态动词，除此之外，"愁、担心、放心、感动、害怕、害羞、后悔、怀疑、满意、满足、明白、佩服、屈服、伤心、失望、误会、误解"等静态动词与"能/会"构成反问句时，"能"和"会"表示的也都是认识情态。

　　综上所述，在表示认识情态时，"会"可以表达积极的或消极的可能性，而"能"只可以用于积极的或正面的可能性。"能"和"会"在表达言者所期望发生的事情的可能性时，可以是肯定、否定或者疑问的形式。"能"和"会"在与"知道、愁、担心、放心、感动、害怕、害羞、后悔、怀疑、满意、满足、明白、佩服、屈服、伤心、失望、误会、误解"等静态动词构成反问句时，都可以表达认识情态。

48. 为什么不可以说"有不懂的问题能问我"？

　　虽然"能"和"可以"都可以表达道义情态[许可]，不过，吕叔湘（1999：415）指出，表[许可]的"能"多用于疑问与否定，肯定形式一般用"可以"。换句话说，"可以"是[许可]的肯定形式，其否定形式是"不能"。此外，彭利贞（2007：157）认为，表示[许可]义的"可以"是指说话人给主语施行某事的许可，使主语有可能使句子表示的事件成真，还有"提议""劝告"的意思。也就是说，说话人在说出"可以"时，就已经表明允许听话人做这件事，并建议听话人让该事成真。因此，句子的主语通常是第二人称"你"，有时也会将"你"省略，因为通常"你"就是听话人。所以，此时的 [许可] 只能用"可以"，不能用"能"。例如：

（1）a.*有不懂的问题能问我。

　　　b.*有问题你能来找我。

　　　c.*（请客的人在餐厅说）想吃什么能随便点。

（2）a.有不懂的问题可以问我。

　　　b.有问题你可以来找我。

　　　c.（请客的人在餐厅说）想吃什么可以随便点。

例（1）中的三个句子都是偏误句，应该改为例（2）中的形式，也就是把"能"改为"会"。因为例（1）中的说话者是想表达允许听话人"问我""找我"和"随便点菜"，并促成事件的发生，所以这里只能用"可以"，而不能用"能"。

49.为什么不可以说"水没能杀菌"？

情态动词"能"可以被"没"和"不"进行外部否定。石毓智（2001：23-86）认为，"没"是对离散量进行否定，而"不"否定的却是连续量。然而，"没能"只可以表达动力情态 [能力] 义，而"不能"除了表达 [能力] 义之外，还可以表达道义情态 [许可] 义和认识情态 [可能] 义[①]。因此，彭利贞（2007：333）指出，表 [能力] 的"能"既有连续量的特征，又有离散量的特征；"能"在表达 [能力] 时，可以从各个不同的角度进行限定，这种被限定的 [能力]具有相对清晰的边界，是有界的，或者说是一种离散量，所以"能"可以被"没"进行外部否定；而"能"在表达非限定 [能力] 时，具有连续量的特性，这时"能"可以被"不"进行外部否定。例如：

（1）a.*水没能杀菌。

---

① 详见本书的问题 13。

　　　　b. 水不能杀菌。

　　例（1）是想表达"水"没有"杀菌"的功效，这里所表达的 [能力] 的"用途"义没有被限定，也就是说具有连续量的特性，所以不能被"没"否定，只能用"不"否定。不过，例（1）如果增加了限定成分就可以用"没"否定。例如：

　　（2）a. 开水也没能杀死这种病菌。

　　　　b. 开水也不能杀死这种病菌。

　　例（2）中的 [能力] 被限定后，有了相对清晰的边界，即具有了离散量的特征，只能用"没"进行否定。例（2b）虽然也成立，但是句中"不能"里的"能"已经不再是动力情态 [能力] 义，而是认识情态 [可能] 义。

　　综上所述，虽然"没能"和"不能"都可以表达动力情态 [能力] 义，但"没能"表达的是限定的 [能力]，而"不能"表达的是非限定的 [能力]。

50. 为什么不可以说"今天作业很多，我能不看电视"？

　　彭利贞（2007：316）指出，外部否定是对情态的否定，而内部否定是对命题的否定，"能"可以被"不"进行外部否定和内部否定。"能"的外部否定形式"不能"可以表达动力情态 [能力] 义、道义情态 [许可] 义和认识情态 [可能] 义。"能"的内部否定形式"能不"也可以表达动力情态 [能力] 义、道义情态 [许可] 义和认识情态 [可能] 义。例如：

　　（1）水不能杀菌。

　　（2）不能让这种现象继续下去了，决不能。

　　（3）雨不能停了。

　　（4）自身正，才能不信邪，也能敢碰硬。

　　（5）他们都这么认真，谁还能不积极起来吗？

　　（6）这件事他能不知道吗？

例（1）～（3）中的"能"分别表达的是[能力]义、[许可]义和[可能]义，而例（4）～（6）中的"能"分别表达的也是[能力]义、[许可]义和[可能]义，然而，前三句中的"不"是对"能"的否定，而后三句中的"不"是对动词或形容词的否定。

有些留学生会误用"能"与"不"构成的外部否定或内部否定，从而产出偏误句。例如：

（7）a.*今天作业很多，我能不看电视。

　　　b.今天作业很多，我不能看电视。

例（7a）中的"我能不看电视"本身就是错句，"不"是动词"看"的外部否定，也就是说否定的是命题。可以改为"今天没有事儿做，我能不看电视吗？"。不过，例（7）是想表达"今天作业很多"，所以情理上不允许"我"看电视，也就是说"不"否定的是"能"的道义情态[许可]义。因此，这里的"能不"应该改为"不能"，而"不能"表[禁止]义。

综上所述，"不能"中的"不"是对"能"的否定，而"能不"中的"不"否定的是命题。不过，"不能"和"能不"中的"能"都可以表达动力情态[能力]义、道义情态[许可]义和认识情态[可能]义。

51.为什么不可以说"雪停了，我们能就回学校了"？

情态动词"能"可以与副词"就"同现，留学生常常会由于没有掌握它们的同现规则而产出偏误句，如例（1）。

（1）*雪停了，我们能就回学校了。

（2）雪停了，我们就能回学校了。

偏误句例（1）应该改为例（2），也就是将副词"就"放在情态动词"能"的前面。不过，就语料所及，我们发现"能"和"就"有很多组配形式。

留学生之所以会把"能"和"就"的前后位置弄混，是这两个词的多义性以及复杂性所造成的。"能"有很多词性：情态动词、名词、形容词，其中情态动词"能"可以表达 [能力] 义、[许可] 义和 [可能] 义。"就"也有很多词性，而且每种词性都有很多义项。下面我们分别来看看情态动词"能"与"就"的组配情况。

一、情态动词"能"+"就"

"就"的词性有动词、介词、副词、连词。就语料所及，"能"不仅可以与动词、介词、副词的"就"组配，还能与以"就"为语素构成的词（如"就教""就近""就地""就此"等）组配。

（一）"能"+动词"就"

《现代汉语词典》（第 7 版）指出，动词"就"表示"一边儿是菜蔬、果品等，一边儿是主食或酒，两者搭着吃或喝"，如例（3）；动词"就教"表示"请教；求教（含敬意）"，如例（4）。

（3）有爱喝酒的，也能就小菜喝酒。

（4）为的是能就教于我国的画坛大师们。

上面这两例中的情态动词"能"与动词"就、就教"同现时，表达的都是动力情态 [能力] 义。

（二）"能"+介词"就"

《现代汉语词典》（第 7 版）指出，介词"就"可以表示动作的对象或话题的范围。情态动词"能"与介词"就"同现时，可以表达动力情态和道义情态。例如：

（5）希望在即将到来的欧盟委员会贸易委员拉米对中国的访问期间，双方能就中国加入世界贸易组织问题达成协议。

（6）下级人民法院只能就审理重大疑难案件适用法律问题向上级人民法院请示。

（7）上级称她的问题还未最后解决，不能就这个问题发表意见。

（8）能不能就这个问题谈一谈？

从上面的例句我们可以看出，例（5）和例（8）中的"能"表达的都是 [能力] 义，而例（6）和例（7）表达的是 [许可] 义。例（5）～（7）都是陈述句，其中例（7）中的"不能"是"能"的否定形式，义为 [禁止]。例（8）是"能不能"形式构成的正反问句。由此可以看出介词"就"可以放在情态动词"能"或"能不能"的后面，而且"能"可以被副词"不"或"只"修饰。

（三）"能" + 副词"就近 / 就地 / 就此"

情态动词"能"与副词"就此 / 就近 / 就地"组配时，可以表达动力情态、道义情态和认识情态。例如：

（9）我希望他能就此打住。

（10）要找人谈心只能就近找。

（11）敌机飞过来投弹扫射，民工们只能就地卧倒。

（12）现在，她还不能就此罢休，得进一步加强、巩固这一效力，并且防止可能产生的后遗症。

（13）我现在还不能肯定，还要看有关各方能不能就此达成共识。

从上面的例句可以看出，例（9）中的"能"表达的是[能力]义，例（10）～（12）中的"能"表达的是 [许可] 义，而例（13）中的"能"表达的是 [可能] 义。这些例句中的副词"就此 / 就近 / 就地"都可以放在情态动词"能"或"能不能"的后面，"能"可以被副词"不"或"只"限定。

（四）"能" + 副词"就"

吕叔湘（1999：315-318）指出，副词"就"有以下几种用法：表示很短时间以内即将发生；强调在很久以前已经发生；表示两件事紧接着发生；加强肯定；确定范围（只）；强调数量多寡；表示承接上文，得出结论。情态动词"能"与副词"就"同现时，可以表达动力情态、道义情态和认识情态。

第一，在反问句中，"能"在副词"就"的前面可以表达道义情态和认识情态。例如：

（14）难道我们能就这样天天开会？

（15）她怎能就衣冠不整地去接待呢？

（16）你怎么能就这么走呢？

（17）岂能就这样过去？

（18）大卫刚出门两天，哪能就回来？

（19）哪能就这么巧？

（20）事情恐怕不能就这么简单吧？

例（14）～（17）中的"能"表达的是 [许可] 义，句中的"难道能""怎能""怎么能""岂能"义为"不应该"。例（18）（19）中的"哪能"和例（20）中的"不能"义为"不可能"。

第二，在外部否定和双重否定中，"能"在副词"就"的前面可以表达认识情态和道义情态。例如：

（21）蒲公英也愿意做玫瑰，然而他却不能就是玫瑰。

（22）自然张大哥的天平不能就这么简单。

（23）这次不能就这么算了。

（24）这也不能就怪大海。

（25）这事绝不能就这么算完！

（26）决不能就这样放她走了。

（27）英儿不能不就殡了，石虎总不见个影儿。

例（21）和例（22）中的"不能"表示"不可能"，而例（23）～（27）中的"能"表示的都是道义情态，其中例（24）～（26）中的"不能"前分别被副词"也""绝""决"修饰，例（27）中"能"的双重否定形式"不能不"表示应该。

第三，在正反问中，"能不能"在副词"就"的前面，可以表示动力情态。例如：

（28）现在能不能就用交响乐队给这出京剧现代戏伴奏？

二、副词"就"+"能"

"能"在"就"的前面可以表达三种情态，同样，"能"在副词"就"的后面也可以表达动力情态、道义情态和认识情态。

第一，在陈述句中，"能"在副词"就"后可以表达动力情态、道义情态和认识情态。从前面的介绍我们可以看出，在陈述句中，情态动词"（只）能"后可以跟动词"就／就教"、介词"就"或者副词"就此／就近／就地"。就语料所及，除上述情况之外，陈述句中的副词"就"通常放在情态动词"能"的前面。例如：

（29）公司里的人说他大概明天上午就能回来。

（30）真正的爱情也不是很容易就能得到的。

（31）不是一两个人就能轻易搬走的。

（32）尽量做到不发一枪就能把李云龙堵在被窝里。

（33）监狱可不是旅店，不是谁想进来住就能住的。

（34）说不定这里就能碰上一个。

例（29）～（32）中的"能"表达的都是[能力]义，例（33）中的"能"表达的是[许可]义，例（34）中的"能"表达的则是[可能]义。

第二，在是非问和特指问中，情态动词"能"在副词"就"的后面，可以表达动力情态[能力]。例如：

（35）是否就能真正体验到独立？

（36）为什么有些人就能坚持主见、把握住自己？

第三，在反问句中，情态动词"能"或者其否定形式"不能"在副词"就"的后面，可以表达动力情态和道义情态。例如：

（37）难道和气就能给他带来一切？

（38）成人就能带了？

（39）怎么就能把我完全忘了呢？

（40）女儿就不能养老吗？

（41）年纪轻轻，为什么就不能忍受一些折磨？

例（37）中的"能"和例（40）中的"不能"表达的都是 [能力] 义。例（38）和例（39）中的"能"，还有例（41）中的"不能"表达的都是道义情态，其中前两例表示 [禁止] 义，而后一例表示"应该"。

第四，在外部否定和双重否定中，"能"在副词"就"的后面可以表达动力情态、道义情态和认识情态。例如：

（42）怀着许多虚无缥缈的幻想，自然就不能安心地生活。

（43）只是学习不去思考，就不能得到较多的知识。

（44）弄脏了，可就不能退了。

（45）人生有许多路口，过去了就不能再回来……

（46）这就不能不使秀秀的爹心惊胆战。

（47）我以为衣食住既是生活的要素，就不能不想一想哪样是合适的，哪样是经济的。

例（42）和例（43）中的"不能"都表示"没有能力"。例（44）中的"不能"表示"禁止"，也就是不 [许可]。例（45）和例（46）中的"不能"和"不能不"分别表示 [不可能] 和 [必然]。例（47）中"能"的双重否定形式"不能不"表示 [必要]。

第五，在"能不能"组成的正反问中，"能"在副词"就"的后面可以表达三种情态。例如：

（48）就能不能叫那唱四五首的少唱一首，叫我团把一首歌唱完整了？

（49）就能不能换位思考一下？

（50）真受不了那时的自己，还有现在，就能不能少困点啊？

例（48）～（50）中的"能不能"分别表示动力情态 [能力]、道义情态 [许可] 和认识情态 [可能]。

三、小结

我们将有关情态动词"能"和副词"就"的同现情况汇总为表 51-1。

表 51-1　情态动词"能"和副词"就"的同现情况表

认识情态 [可能]			道义情态 [许可]			动力情态 [能力]		
肯定形式	否定形式	句法表现	肯定形式	否定形式	句法表现	肯定形式	否定形式	句法表现
能＋就	不能＋就	陈述句（不能＋就）；反问句（能＋就；不能＋就）；正反问（能不能＋就此）	*能＋就；只＋能＋就近；只＋能＋就地	不能＋就；不能不＋就；不＋就；不能＋就此	陈述句（只＋能＋就近/地；不能＋就；不能不＋就）；反问句（能＋就）	*能＋就；能＋就此	*不能＋就	陈述句（能＋就此）；正反问（能不能＋就）
就＋能	就＋不能；就＋不能不	陈述句（就＋能；就＋不能；就＋不能不）；正反问（就＋能不能）	就＋能	就＋不能；就＋不能不	陈述句（就＋能；就＋不能；就＋不能不）；反问句（就＋能；就＋不能）；正反问（就＋能不能）	就＋能	就＋不能	陈述句（就＋能；就＋不能）；反问句（就＋能；就＋不能）；正反问（就＋能不能）；是非问（就＋能）；特指问（就＋能）

52. 为什么不可以说"我能也买新电冰箱了"？

情态动词"能"可以与副词"也"同现，留学生往往会由于没有掌握它们的同现规则而产出偏误句，如例（1）。

（1）*我能也买新电冰箱了。

（2）我也能买新电冰箱了。

卢福波（1999）指出，能愿动词（即情态动词）是句子的重心，表"相同"的"也"只能放在能愿动词的前面。修俊俊（2022）进一步指出，表"相同"的副词"也"可以放在情态动词的前面或者后面，不过，在陈述句中，由于情态动词所辖的是句子的焦点，所以"也"应放在情态动词的前面。

由此可见，偏误句例（1）应该改为例（2），也就是将副词"也"放在情态动词"能"的前面，因为情态动词是句子的重心所在。不过，就语料所及，我们发现"能"与副词"也"同现时，可以放在"也"的后面或者前面。

一、情态动词"能"+副词"也"

第一，在陈述句中，情态动词"能"被副词"只"修饰后，可以放在副词"也"的前面。例如：

（3）这不是你想不想的问题，你只能也必须全休了。

例（3）中的"能"表示道义情态，而"只能"义为"只允许"。

第二，在反问句中，"能"的否定形式"不能"可以放在副词"也"的前面，表达认识情态和道义情态。例如：

（4）丝棉袄没有卖的，西服不能也没有卖的吧？

（5）你就不能也喝点儿酒吗？

（6）你就不能也学乖一点儿？

例（4）中的"能"表示 [可能]。例（5）和例（6）中的"能"表达的都是道义情态，也就是 [许可]。

第三，在外部否定和双重否定中，"不能"和"不能不"可以放在副词"也"的前面，表达道义情态，"不能"还可以表达认识情态。例如：

（7）大少爷可不能也教他们捉了去！

（8）我一直因为不能也不曾为他说一句公道话而感到内疚。

（9）我们不能也不便去挖，且留着它做昭君永远的纪念。

（10）我不能也不愿教你，否则司马灵该说我有意引你入歧途。

（11）我们不能也不应该写任何不着边际的证明材料。

（12）这个问题不能也不会无限期地拖延下去。

（13）左邻右舍，前前后后，去了这一家，不能不也去那一家。

例（7）～（11）中的"不能"表达的都是道义情态，义为不 [许可]，即"禁止"。例（12）中的"不能"表达的是不 [可能]，而例（13）中"能"的双重否定形式"不能不"表示的也是道义情态，义为 [必要]。

第四，在正反问中，"能不能"可以放在副词"也"的前面，表达动力情态和道义情态。例如：

（14）我们的领导干部能不能也自觉地、主动地、经常地敲敲老百姓的门？

（15）您能不能也让我尝一尝这些美味的酒菜？

例（14）中的"能"表达的是[能力]义，例（15）中的"能"表达的是 [许可] 义。

二、副词"也" + 情态动词"能"

第一，在陈述句里，情态动词"能"被副词"只"修饰后，可以放在副词"也"的前面。除此之外，陈述句中的情态动词"能"也可以放在副词"也"的后面，表达动力情态和认识情态。例如：

（16）他只能说极简单的几句英国话，但是也能把自己的意思表达出来。

（17）要是我们柱子跟他爸也能回来，哪怕再带个媳妇，带个孩子来，我也是喜欢的哟！

（18）好好休息，不治也能好的。

例（16）和例（17）中的"能"表达的都是 [能力] 义，例（18）中的"能"表达的是 [可能] 义。

第二，在是非问中，情态动词"能"放在副词"也"的后面，表达动力情态 [能力] 义。例如：

（19）布朗先生，您也能说德语吧？

（20）第一夫人不放心："有问题也能查出来吗？"

第三，在反问句中，"能"放在副词"也"的后面，可以表达动力情态、道义情态和认识情态。例如：

（21）那样人的地界，你也能住得惯？

（22）我居然也能到德国去了吗？

（23）这位招人喜欢的小伙儿岂不也能遂了心愿？

（24）他也能画画儿？

（25）前头愈演愈烈，摔桌子打板凳，就跟翻了天似的，没准儿待会儿放起火来，烧到后头，她也能不闻不问吗？

（26）七十多岁的老爸爸，他一生行医行善，抚育了四个子女，现在死的死，走的走，只剩下了我一个，难道我也能走吗？

（27）可视电话也能流行？

例（21）～（25）中的"能"表达的都是动力情态 [能力] 义，例（21）也可表示认识情态 [可能]。例（26）中的"能"表示的是道义情态，在该句中是"不允许"的意思。例（27）中的"能"表示的是认识情态 [可能] 义。

第四，在否定和双重否定中，"不能"和"不能不"在副词"也"后，都可以表达认识情态和道义情态，"不能"还可以表示动力情态。例如：

（28）新生儿的骨骼非常软弱，没有骨化，因此不会抬头，也不能坐、立。

（29）肉要吃，汤也不能倒了。

（30）他们也不能像从前那样安心了。

（31）那也不能不睡觉啊？

（32）话既然说到了这个份儿上，他也不能不疑心是自己错怪人家了。

例（28）～（30）中的"不能"分别表示"没有能力""禁止""不可能"。例（31）中的"不能不"表示 [必要]。例（32）中的"不能不"表示"不可能不"，即 [必然]。

第五，在正反问中，"能不能"在副词"也"的后面，可以表达道义情态和动力情态。例如：

（33）也能不能让我哭一场？

（34）我们的红绿灯也能不能这么萌呢？

例（33）中的"能"表示 [许可] 义，而例（34）中的"能"表达的是 [能力] 义。

三、小结

我们将有关情态动词"能"和副词"也"的同现情况汇总为表 52-1。

表 52-1　情态动词"能"和副词"也"的同现情况表

认识情态 [可能]			道义情态 [许可]			动力情态 [能力]		
肯定形式	否定形式	句法表现	肯定形式	否定形式	句法表现	肯定形式	否定形式	句法表现
*能+也	不能+也	反问句（不能+也）	*能+也；只能+也	不能+也；不能不+也	陈述句（只能+也；不能+也；不能不+也）；反问句（不能+也）；正反问（能不能+也）	*能+也	*不能+也	正反问（能不能+也）
也+能	也+不能；也+不能不	陈述句（也+能；也+不能；也+不能不）；反问句（也+能）	也+能	也+不能；也+不能不	陈述句（也+不能）；反问句（也+能；也+不能不）；正反问（也+能不能）	也+能	也+不能	陈述句（也+能；也+不能）；反问句（也+能）；正反问（也+能不能）；是非问（也+能）

53.为什么不可以说"他能没说出来"？

"没"可以对情态动词"能"进行外部否定和内部否定，也就是说"没"可以放在"能"的前面否定情态，也可以放在"能"的后面否定命题。因此，当"没"和情态动词"能"同现时，留学生可能会弄错"没"的位置而产出偏误句，如例（1）和例（3）。

（1）*他能没说出来。

（2）他没能说出来。

（3）*他能没休息。

（4）他没能休息。

彭利贞（2007：345-348）指出，外部否定的"没"只能与动力情态同现，而情态动词"能"与内部否定的"没"同现只表达认识情态。因此，如果"能"在句中表达的是动力情态，那么"没"就放在"能"的前面，也就是对情态动词"能"的否定；如果"能"表示的是认识情态，那么"没"放在"能"的后面[①]，也就是对命题的否定。例（1）中的"能"要表达的是[能力]，而例（3）想表达的是[条件]，也就是说，这两句想表达的都是动力情态，那么"没"就只能放在"能"的前面，如例（2）和例（4）。不过，如果将例（1）和例（3）改成反问句，句子就可以成立了。这时"能"表达的是认识情态[可能]，如例（5）和例（6）。

（5）他能没说出来？

（6）他能没休息？

例（5）和例（6）中的"能"表达的都是[可能]义。

下面我们再来看一下"没+情态动词'能'"所表达的动力情态[能力]义。

一、表示"意愿"或者"动力缺失"

彭利贞（2007：337）指出，"没+情态动词"是对事件实现主体的某种致能条件（enablement）的否定，表达的是主体对过去事件实现的动力缺失，而这种致能条件通常是以主体意愿的形式呈现的，如例（7）。至于动力的缺失，则会以起始句或后续句的形式表现，也就是预先或补充说明施事最后导致动力缺失的原因，如例（8）。

（7）陶影拼命心记，还是没能记全作家的话。

（8）当天晚上我们都没能吃饭，周年庆典大家都忙着招呼顾客。

二、"主观意愿"与"动力缺失"同时出现

有时主观意愿与动力障碍会同时出现，不过通常先出现表现意愿的小句，后出现说明障碍的小句（彭利贞，2007：339）。例如：

（9）晚饭，他到厨房去帮着烙饼，本想和祁少奶奶说些家长里短；可是，一提起家中，他就更不放心，所以并没能说得很痛快。

---

① 有关"能"与内部否定"没"的同现详见问题9。

三、动力障碍引发的情感反应

彭利贞（2007：340）指出，当事件无法实现时，主语对此会做出后悔、可惜等形式的情感反应。例如：

（10）有一个家伙对我转述另一个家伙的评价，说我只是这个时代的一个跳蚤，只可惜没能跳得更高。

四、小结

如果情态动词"能"在句中表达的是动力情态 [能力] 义，那么"没"放在"能"的前面，是对情态的否定。如果"能"表示的是认识情态 [可能]，那么"没"放在"能"的后面，是对命题的否定。

"没 + 情态动词"是对事件实现主体的某种致能条件的否定，表达的是主体对过去事件实现的动力缺失（彭利贞，2007：337）。

54.为什么不可以说"我不能喝完这么多稀饭"？

情态动词"能"和"会"都可以表达 [能力] 义，可能补语也可以表示能做某事。当留学生没有掌握这些用法的差异时，就会出现下面的偏误。

（1）*我不能喝完这么多稀饭。

（2）*这道数学题真的很难，别说学生不能做，即使老师也不能做。

（3）*有些问题看起来很容易解决，但是实际上，谁也不会解决。

陆庆和（2006：147）指出，情态动词"能"可以放在表示完成、结果意义的动词和动补结构的前面，不过，"能"通常用在肯定句中。而情态动词"会"没有这样的用法。因此，例（1）～（3）中的"不能"和"不会"只能改成可能补语的否定形式，也就是例（4）～（6）。

（4）我喝不完这么多稀饭。

（5）这道数学题真的很难，别说学生做不出来，即使老师也做不出来。

（6）有些问题看起来很容易解决，但是实际上，谁也解决不了。

不过，刘月华等（2001：587）进一步指出，表示实现某种结果或去向的可能补语的动词只可以被非描写性状语修饰，比如修饰整个谓语的表示时间、处所、范围、对象的状语，如例（7）；如果句中有表示动作者的心情、态度以及修饰动作的描写性的状语，那么只可以使用"能／不能＋动词＋结果补语／趋向补语"的形式，而不可以用可能补语，如例（8）。

（7）大娘接过药，眼里含着感激的泪水，半天说不出话来。

（8）a.你能高高兴兴地做完这件事吗？

b.*你高高兴兴地做得完这件事吗？

55.为什么不可以说
"请你把你的词典借我用用，能吗"？

情态动词"能"和"可以"都可以表达道义情态［许可］。不过，程美珍（1997：50）指出，在征求听话方是否允许做某事的是非问中，一般用"可以""成""行"等，如例（2），但不可以用"能"，如例（1）。吕叔湘（1999：415）认为，表［许可］的"能"常用在疑问或否定句中，肯定句中用"可以"；此外，"可以"还能单独回答问题。因此，例（3）中的"能"通常应该改为"可以"，即例（4）。

（1）*请你把你的词典借我用用，能吗？

（2）请你把你的词典借我用用，可以吗？

（3）—请问，这儿能不能吸烟？

　　—*能。

（4）—请问，这儿能不能吸烟？

　　—可以。

刘月华等（2001：787）进一步指出，有时说话人先提出自己的意见、估计、要求等，然后征询对方的意见，就会使用"好吗""行（成）吗""对吗""可以吗"

等表示的是非问句。因此,例(1)中的"能"可以改成"好""行""成""可以"。如果改成情态动词,就只能用"可以"。

刘月华等(2001:787)还指出,回答这样的是非问时,表示肯定就用"好"(或者"好吧")"行""成""对""可以",而表达否定则可以用"不""不对""不行""不成";用"可以吗"的是非问中,否定的回答一般用"不行"或者"不成",很少用"不可以"。吕叔湘(1999:337)也认为,"可以"的否定形式是"不能"或"不可以",此外"不可以"很少单独用来回答问题,回答问题通常说"不行/不成"。

56.为什么不可以说"你能去不去参观"?

动词、形容词、情态动词都可以用"肯定 + 否定"的形式组成正反问。不过,程美珍(1997:52)指出,正反问里如果有情态动词(M),那么只可以使用"M 不 M"的形式组成正反问。留学生如果没有掌握这样的规则,就会出现误用的情况,如例(1a)和例(2a)。

(1)a.*你能去不去参观?

　　b.你能不能去参观?

　　c.你是不是能去参观?

(2)a.*他会来不来?

　　b.他会不会来?

　　c.他是不是会来?

(1a)和(2a)这两句分别有情态动词"能"和"会",所以应该使用"能不能"和"会不会"的形式组成正反问,即例(1b)和例(2b),"能"和"会"分别表示 [能力] 和 [可能]。此外,在本书的问题 23 中,我们已提及"是不是"可以与"会"同现,如例(2c)。同时,就语料所及,我们发现"是不是"也可以与"能"同现。例如:

(3)是不是能再见到她呢?

（4）读书是不是能使人读聪明了？

（5）您是不是能听我说说我的想法再下结论？

（6）你是不是能把调查的过程介绍得详细点儿呢？

（7）你想他是不是会好好待你呢？

（8）你是不是会笑我没用？

（9）你看，他是不是会抽烟土？

（10）不知那个人是不是会在车门口看看她呢？

例（3）中的"能"表示 [可能]，例（5）中的"能"表示 [许可]，而例（4）和例（6）中的"能"表达的都是 [能力]。例（7）、例（8）和例（10）中的"会"表达的都是 [盖然]，而例（9）中的"会"表示的是 [能力]。

57. 为什么不可以说"没做完作业你不能走了"？

偏误的类型主要有遗漏、冗余、误代和错序（Dulay、Burt、Krashen，1982）。"了₂"是指在句尾位置的"了"（有部分句尾"了"是现实体标记），表示出现了某种变化。情态动词"能"和"会"都可以与"了₂"同现，留学生往往会由于没有掌握"了₂"的用法而产出偏误用例。例如：

（1）a. *没做完作业你不能走了。

　　　b. 没做完作业你不能走。

　　　c. 原打算走，现在因为没做完作业，不能走了。

（2）a. *他不会说汉语了。

　　　b. 他不会说汉语。

　　　c. 他以前会说汉语，现在不会说汉语了。

例（1a）中的"不能"表达的是 [禁止] 义，并没有"变化"的语义，因此，"了₂"是冗余的，应该删除，可以改为例（1b）或者例（1c）。例（2a）中的"会"表达的是 [能力] 义，句子并没有"变化"的语义，所以应该删除"了₂"，可以改成例（2b）或者例（2c）。

此外，留学生在没有掌握情态动词用法的时候，还可能会出现遗漏情态动词的情况。例如，在借东西、想问别人问题或者征询别人许可的时候，会造出下面这些句子。

（3）*小雨，我用你的铅笔吗？

（4）*我问个问题吗？

（5）*这里停车吗？

在征求别人许可时，通常需要使用表 [许可] 的情态动词，如"能"或者"可以"。所以，偏误句（3）（4）（5）应分别改为（6）（7）（8）。

（6）小雨，我能（可以）用你的铅笔吗？

（7）我能（可以）问个问题吗？

（8）这里能（可以）停车吗？

"能"和"可以"在疑问句或否定句中，都可以表达 [许可]。关于这类句子的应答形式，吕叔湘（1999：337）指出，肯定的回答可以单独使用"可以"，否定的回答通常用"不行"或"不成"。

58. 为什么不可以说"他能懂德语"？

本书中的问题 45 谈到情态动词"能"和"会"常与英语的"can"对译，不过它们的用法也存在很多差异。正是因为如此，留学生受英语干扰会造出一些情态动词冗余的偏误用例。例如：

（1）a.*他能懂德语。

b. 他懂德语。

c. He **can understand** German.

d. He **understands** German.

从上面的例句可以看出，在陈述句中，如果"能"没有被其他词限定修饰，就不可以与"懂"同现，因为"懂"已涵盖了能力和状态，所以应当删除"能"。然而，英语中的"can"和"understand"却可以同现，因为它们分别表示能力和状态，所以不会造成语义冗余。

就语料所及，我们发现情态动词"能"被副词"才、也、总是"修饰后，可以与"懂"同现，表示动力情态 [能力]。例如：

（2）只有走进山中，才能懂人生，才能理解大自然的博大精深。

（3）他们鼓吹的这些法术就是愚人也能懂、会用。

（4）让我们像从前一样安安静静，什么都不必说，你总是能懂。

此外，在是非问、反问以及否定句中，"能"也可以与"懂"同现，表示 [能力]。例如：

（5）我刚学了两个月汉语，能懂吗？

（6）我当时并没认真对待他的话，以为他只不过是个乳臭未干的孩子，能懂什么呢？

（7）他又如何能懂？

（8）没有人能懂她，没有。

（9）歌词有人懂，他的孤独没人能懂。

（10）我懂的，他们将来也未必能懂。

上面这几例中的"能"表达的都是动力情态。其中例（5）为是非问句，例（6）和例（7）是反问句，而例（8）～（10）是否定句。

此外，情态动词"能"可以与句尾的"了$_2$"同现，留学生有时也会因此造出偏误句。因为"能"后通常不带非期待类的动词，如"失败、失去、担心、抱怨、灭亡、堕落、沦陷、缺乏、误解、败露、坠毁"等（武荣强，2009）。例如：

（11）a.*你能误解他了。

　　　 b. 你误解他了。

　　　 c. 你可能误解他了。

上面的例（11a）可以改为（11b）或者（11c）。

彭利贞（2007：224）指出，情态动词"能"与"了$_1$"同现时，句子一般是疑问句或否定句，"能"所辖的通常为非现实句。彭利贞（2007：229）还指出，情态动词"会"与"了$_1$"同现时，"会"所辖的事件如果是非未来的、现实的，句子通常为疑问句或否定句；如果"会"所辖的是未来的、非现实的，句子通常为肯定句。例（12）和例（13）表达的都是非未来的、现实的情况，所以用"可能"，而不能用"能"或者"会"。

（12）a.他可能太累了！

b.*他会太累了！

c.*他能太累了！

（13）a.他们可能还在开着会呢。

b.*他们会还在开着会呢。

c.*他们能还在开着会呢。

59.为什么不可以说"只有有才能的人，才会当翻译"？

情态动词"能""可以"和"会"都可以表达 [能力] 义，表 [能力] 的"能"和"可以"虽然也有差异，但很多情况下可以换用，而"会"通常却不可以。

一、彭利贞（2007：156）指出，"能"和"可以"都能表达 [能力] 义、[条件] 义和 [用途] 义，不过，"能"是从主语主动的角度来实现做某事的能力，"可以"则是从无障碍的角度来实现做某事的能力。而"会"却没有这样的用法，如例（1）。

（1）*只有有才能的人，才会当翻译。

（2）只有有才能的人，才能当翻译。

（3）只有有才能的人，才可以翻译。

上面的例句是想表达"有才能"是"当翻译"的"条件"。只有情态动词"能"和"可以"有这样的语义，所以例（1）中的"会"应该改为"能"或者"可以"。

二、"能"和"可以"都能表达达到某种程度、水平或效率，而"会"却没有这样的用法（佟慧君，1986：43）。例如：

（4）*这些汉字他都会写对了。

（5）*德语是我的专业，会说得很流利。

（6）*现在他连北京方言都会听懂了。

例（4）～（6）要表达的是"能力"已达到了一定水平，情态动词"能"和"可以"都有这样的用法，但"会"却没有。因此，例（4）～（6）应改成（7）～（9），句中的"会"应该改为"能"或者"可以"。

（7）这些汉字他都能（可以）写对了。

（8）德语是我的专业，能（可以）说得很流利。

（9）现在他连北京方言都能（可以）听懂了。

三、情态动词"能"和"可以"都可以表示[用途]义，而"会"没有这样的用法。例如：

（10）a.*这个会议室会坐下六十个人。

　　　 b.这个会议室能（可以）坐下六十个人。

四、渡边丽玲（2000b：545）指出，"能"和"可以"能表达特定时间、特定条件下的[能力]，而"会"却没有这样的用法。例如：

（11）a.*他六月会做完，就不会等到九月去做。

　　　 b.他六月能做完，就不会等到九月去做。

　　　 c.他六月可以做完，就不会等到九月去做。

例（11）表达的是有能力在六月做完，也就是可以在特定的时间内完成。"能"和"可以"都有这样的用法，而"会"却没有。

60.为什么不可以说"小雨会真选地方"？

情态动词在与其他成分同现时，是有语序限制的，如果不了解其语序规则，就容易出现错序的偏误。

一、吕叔湘（1999：278）指出，"很、真、最"等通常放在表善于做某事的"会"的前面。而被"最、很、真"等程度副词修饰的"会"只表达动力情态[能力]。例如：

（1）a.*小雨会真选地方。

　　b. 小雨真会选地方。

　　例（1a）中的程度副词"真"应该放在情态动词"会"的前面，也就是例
（1b）。

　　二、程美珍（1997）指出，情态动词要放在描写性词语、介词、"把"字句
里"把"的前面。也就是说，这些表达是放在动词的前面、情态动词的后面。
例如：

　　（2）*我们痛痛快快地可以玩儿几天。

　　（3）*你除了同我说电影你就不跟我能说点别的了吗？

　　（4）*他把我的书会还给我吗？

　　例（2）～（4）中的情态动词"可以、能、会"应该放在描写性的词语"痛
痛快快地"、介词"跟"、"把"的前面，也就是改成例（5）～（7）。

　　（5）a.我们可以痛痛快快地玩儿几天。

　　（6）你除了同我说电影你就不能跟我说点别的了吗？

　　（7）他会把我的书还给我吗？

　　三、程美珍（1997：50）指出，表认识情态的"会"被"不"否定后要放在
主语之后，不能放在句首，"不会"表达的是对可能性的否定。例如：

　　（8）a.*都九点了，不会小雨来了。

　　　　　b. 都九点了，小雨不会来了

　　例（8a）中的"不会"应该放在主语"小雨"的后面。

61.为什么不可以说"在六个月内，
你们可不可以做完这个项目"？

　　由于"能""会"和"可以"在情态义上有相似的地方也有不同的地方，所
以留学生常常会误用。

　　一、彭利贞（2007：156）指出，"能"和"可以"都能表达 [能力] 义、[条
件] 义和 [用途] 义，而且可以替换，不过，"能"是从主语主动的角度来实现做

某事的能力，"可以"则是从无障碍的角度来实现做某事的能力。例如：

（1）a.*在六个月内，你们可不可以做完这个项目？

b. 在六个月内，你们能不能做完这个项目？

例（1）想询问的是听话人主观上是否有完成项目的能动性，而不是询问完成项目是否有障碍，应该使用"能"，而不是"可以"。

二、吕叔湘（1999：337）指出，表示"用途"和"可能"（也就是 [条件] 义）的"可以"的否定形式是"不能"，而不是"不可以"，"不可以"是"可以" [许可] 义的否定形式。留学生有时会误用这两种否定形式。例如：

（2）a.*如果你没有钱，不可以办公司。

b. 如果你没有钱，不能办公司。

例（2）想表达的是没有钱就没有办公司的能力或条件。虽然情态动词"可以"和"能"都有 [能力] 义和 [条件] 义，不过，它们的否定形式都是"不能"。所以，这里的"不可以"应该改为"不能"。

三、情态动词"会""能"和"可以"都能表达 [能力] 义。不过，对"技能"的否定通常用"不会"，而"不能"和"不可以"一般表示"禁止"义，是对 [许可] 的否定。在表达对"技能"的否定时，留学生往往会误用"不能""不可以"而导致表达错误。例如：

（3）a. 我不可以说汉语。

b. 我不能说汉语。

c. 我不会说汉语。

例（3a）（3b）（3c）三个句子从语法层面来看，都是成立的，但（3a）（3b）中的"不可以"和"不能"都表示 [禁止] 义。若学生想表达的是没有掌握说汉语这个技能，则只能用（3c）。

四、情态动词"能""会"和"可以"虽然都可以表达 [能力] 义，但是"能"和"会"还可以表达 [可能] 义，而"可以"却没有。在表达 [可能] 义时，留学生可能会误用"可以"。例如：

（4）a.*已经九点了，他可以来吗？

b. 已经九点了，他会来吗？

　　　c. 已经九点了，他能来吗？

　　例（4）想表达说话人对他是否能来的推测，应该用"会"或"能"，而不能用"可以"。

三、习得顺序

62. "能"和"会"情态义项的习得顺序是怎样的?

　　《对外汉语教学初级阶段教学大纲》《高等学校外国留学生汉语教学大纲（长期进修）》《汉语水平等级标准与语法等级大纲》和《国际中文教育中文水平等级标准》都把情态动词"能"与"会"列为初级阶段或水平（1级或甲级）应该掌握的语法项目，基于这些大纲的指导，零起点或初级水平的教材通常都会收入情态动词"能"与"会"的用法。此外，这两个词较高的使用频率和较强的交际性，也是其总会出现在不同水平教材里的原因之一。不过，从教学实践和相关偏误研究来看，虽然学生在初级阶段就已经学过这两个词，但到了中高级阶段他们往往仍会用错这两个词。究其原因，一方面是因为"能"和"会"本身的多义性和复杂性，还有它们之间以及它们与其他情态动词在用法上细微难辨，此外还有它们与其他语法范畴互动关系复杂等因素所引起的；另一方面是由于教材语法点的编排与二语习得者的习得顺序有偏差，导致有些二语学习者没能很好地掌握它们的用法。

　　所以，本节将介绍有关"能"和"会"情态义项的习得顺序，并以此为据给出这两个词各个情态义项的教学顺序以及教学内容编写体例。

　　施家炜（1998）认为，普遍语法、认知难度、输入时间、数量与频率、二语使用频率与广度、语言标记的有无和教学都会影响二语习得的顺序。从已有研究来看，多义情态动词"能"和"会"的几种情态义的二语习得顺序与二语学习者的母语有一定关系，一定程度上取决于"能"和"会"与二语学习者母语的异同情况，还有学习者的学习时长等因素。下面我们简要介绍一下不同国别留学生情态动词"能"和"会"各情态义项的习得顺序。

王路（2011）采用直接排序法，通过对中级水平韩国学生问卷（27 份有效问卷）中情态动词偏误的统计与分析，确定了习得顺序，也就是准确度顺序。该研究认为中级水平韩国学生汉语情态动词的习得顺序是"想 > 会 > 可以 > 应该 > 能 > 要"，其中"能"的习得顺序是"能$_2$ > 能$_3$ > 能$_1$ > 能$_4$"[①]，而"会"的习得顺序是"会$_1$ > 会$_2$ > 会$_3$"[②]。

沙茜（2012）对美国留学生情态动词的习得顺序进行了考察。该研究通过自然语料、测试与问卷（128 份有效问卷），统计出美国留学生初、中、高三个阶段的习得顺序，然后综合三阶段的习得顺序得出了美国留学生情态动词的习得顺序："愿意 > 应该 > 可以 > 会 > 想 > 要 > 能 > 可能 > 得 > 该 > 肯"，情态动词"能"的习得顺序是"能$_1$ > 能$_4$ > 能$_3$ > 能$_2$ > 能$_5$"，而情态动词"会"的习得顺序是"会$_1$ = 会$_2$ > 会$_3$[习性][③]"。

孙华秋（2017）基于 HSK 动态作文语料库和调查问卷（45 份有效问卷），考察了初级、中级和高级水平韩国学生情态动词"能""会""可以"的习得顺序，发现两种调查方式得出的习得顺序并不一致。该文从自然习得顺序和使用频率的角度发现基于问卷的考察更准确，从而得出韩国学生情态动词"能""会""可以"的习得顺序是"可以 > 能 > 会"，而"能"的习得顺序为"能$_2$[条件] > 能$_3$ > 能$_2$ [用途] > 能$_1$ > 能$_4$"，"会"的习得顺序则为"会$_3$ > 会$_3$[习性] > 会$_1$"。

综上所述，虽然这三篇考察的都是外国留学生情态动词的习得顺序，但得出的习得顺序却不尽相同。例如，这三篇文章中几个情态动词的习得顺序分别是"想 > 会 > 可以 > 应该 > 能 > 要""愿意 > 应该 > 可以 > 会 > 想 > 要 > 能 > 可能 > 得 > 该 > 肯"和"可以 > 能 > 会"。就"能"和"会"而言，王路（2011）和沙茜（2012）的习得顺序都是"会 > 能"，而孙华秋（2017）的却是"能 > 会"。

---

① 鉴于学者们对"能"的义项的划分不一致，我们将"能"的几个情态义标注为："能$_1$"指动力情态[能力]义中的"有能力做某事"；"能$_2$"指动力情态[条件]或[用途]；"能$_3$"指道义情态[许可]；"能$_4$"指认识情态[可能]；"能$_5$"指动力情态[能力]义中的"善于做某事"。

② 鉴于学者们对"会"的义项的划分不一致，我们将"会"的情态义标注为："会$_1$"表示动力情态[能力]；"会$_2$"表示道义情态[义务]中的[允诺]；"会$_3$"表示认识情态[可能]。

③ 本书将"会"的[习性]义看成"会"的认识情态[可能]义，详见问题20。

换句话说，王路（2011）和孙华秋（2017）虽然考察的对象都是韩国留学生，但它们的习得顺序却截然相反。还有，"能"和"会"各义项的习得顺序也不尽相同。王路（2011）和孙华秋（2017）有关"能"的习得顺序较接近，而有关"会"的习得顺序却不同。王路（2011）和沙茜（2012）有关"能"和"会"的习得顺序都不尽相同。这可能与研究方法、研究对象的水平等有关。例如，王路（2011）考察的是中级水平的韩国留学生，而孙华秋（2017）的研究对象是初、中、高水平的韩国留学生。

我们认为，这几篇论文中情态动词"能"和"会"各义项的习得顺序之所以不太一致与它们的研究方法有关，因为这几篇论文的习得顺序都是基于问卷调查的，而问卷调查有一定局限性，如考察样本数量有限，考察对象分布不均，被试对象有限，问卷具有诱导性，这些因素都会影响最终的结论。正如肖奚强（2008：306-308）所指出的，国内外中介语研究难以深入和规模性地展开的一个至关重要的原因就是缺乏大量的可供检索的中介语语料。肖奚强还指出，汉语中介语研究的结论是否准确、可靠，与中介语语料样本的大小、汉语母语者语料的典型性、代表性直接相关。除此之外，情态动词"能"和"会"的习得顺序也会受到国别、考察对象的水平、所用教材的复现率、学习者的使用频率等因素的影响。尽管如此，我们还是认为，即便是不同国别的学生，他们在学习情态动词"能"和"会"的各义项时，都遵循着特定的习得顺序。可见，"能"和"会"的习得顺序研究仍是一项复杂而艰巨的任务，仍需要我们继续深化对"能"和"会"有关本体方面的认识，在习得研究中应该分国别、分母语、分年龄段、分水平，细化"能"和"会"的义项，并能在教学中对学习者的情感因素、认知水平等个体差异有所关注，力求不断提升课堂教学效果。

第三部分　教学篇

一、分级排序

63.怎样分阶段讲解情态动词"能"?

从前文的介绍，我们可以看出情态动词"能"用法的复杂性。然而，在很多大纲和教材中，"能"的不少用法却既没有体现出来，也没有进行过分阶段处理。周小兵（2004：206-216）指出，对外汉语语法教学中语法点的排序应从由易到难、相关语法点的介绍、较高使用频率、交际密切度、复杂语法点分阶段教学等五个方面来确定。肖奚强（2009：1-9）认为，留学生的习得情况应是教学语法分级排序最重要的依据。陆庆和（2006：149）指出，汉语的助动词应该根据难易程度，进行分层教学，而且还应该注意学生母语与汉语的异同。此外，周小兵（2004：206-216）还划分并界定了对外汉语语法项目学习的难度等级，即低难度、中难度、高难度三个难度等级，其中低难度是指母语和目的语相同或基本相同的语法项目；中难度是指语法项目部分对应，部分不对应；高难度可以分为"母语没有、目的语有的语法项目""母语有一个项目对应目的语两个或两个以上的项目"和"表层相同，深层不同的语法项目（如，来客人了／客人来了）"三种情况。

我们将综合上面这些标准对情态动词"能"的各情态义项及其相关语言点进行汇总，然后对其进行分级排序。

一、情态动词"能"的教学内容

我们梳理了一下情态动词"能"的教学内容，语法点主要有：

1. 现代汉语情态动词"能"的句法格式。

a."能"＋动词。例如：

（1）她已经能做一点轻微的工作了。

b."能"＋形容词。例如：

（2）可尽管大家竭力凑趣，聚会仍没能热闹起来。

2."能"的［能力］义。

a. 表示善于做某事。例如：

（3）他最能体贴人，了解人。

b. 表示有能力做某事。例如：

（4）能办到吗？

3."能"可以被"最、很、真"等程度副词修饰。例如：

（5）做梦最能梦见别人梦不到的事情。

（6）她身上看不到什么洋气，很能吃苦，只是有点不切实际的幻想。

（7）我告诉你，别以为你真能毁了我的生活！

4."能"的［条件］义中的表示有条件做某事。例如：

（8）因为缺教员，暂时还不能开课。

5."能"的［用途］义中的表示某物的某种用途。例如：

（9）橘子皮还能做药。

6."能"的动力情态［能力］义，包括［能力］［条件］和［用途］。（见问题3）

7."能"表示［能力］时的句法要求。（见问题4和问题5）

8."能"的道义情态［许可］，包括权威的情理上的许可和社会规范的环境上的许可。例如：

（10）不能让这种现象继续下去了，决不能。

（11）对不起，这里不能吸烟。

9."能"表示［许可］时的句法表现。（见问题6和问题7）

10. "能"的认识情态 [可能] 义中的表示有可能。例如：

（12）这件事他能不知道吗？

11. "能"表示 [可能] 时的句法表现。（见问题 8 和问题 9）

12. 现代汉语情态动词有三种情态语义类型，即动力情态、道义情态和认识情态。情态动词"能"可以表达动力情态 [能力]、道义情态 [许可] 和认识情态 [可能] 三种情态义。

13. "能"的外部否定形式。

a. "不能"中的"能"可以表达动力情态 [能力]、道义情态 [许可] 和认识情态 [可能]。例如：

（13）我确实不能喝，喝就脸红。（能力）

（14）今天小礼拜规定不能接孩子的。（许可）

（15）你总不能让戎马生涯的一家人，一下火车就露宿街头啊！（可能）

b. "没能"中的"能"只可以表达动力情态 [能力]。例如：

（16）他几乎一夜没能睡好。

c. "不能"与"没能"的区别。（见问题 13）

14. "能"的内部否定形式。

a. "能没"中的"能"表示认识情态 [可能]。例如：

（17）谁又不是泥捏的，可哪能没些脾气！

b. "能不"后可以跟"知道、愁、担心、放心、感动、害怕、害羞、后悔、怀疑、满意、满足、明白、佩服、屈服、伤心、失望、误会、误解"等静态动词构成反问句，这里的"能"表达的是认识情态 [可能]。例如：

（18）这件事他能不知道吗？

15. "能"的双重否定形式。

a. "没能不"中的"能"表示动力情态 [能力]。例如：

（19）想不到最终，她还是没能不伤到他。

b. "不能没"中的"能"表示道义情态 [许可]。例如：

（20）是啊，人不能没有信仰，不能没有追求，不能没有归宿。

c. "不能不"中的"能"可以表示认识情态 [必然] 和道义情态 [必要]。

例如：

（21）落后的人在斗争的环境中也不能不起变化。（必然）

（22）对于这种情况，我们不能不加以关注。（必要）

16. 影响"能"的情态义解读的语法范畴。（见问题 10～问题 12）

17. "就能"与"能就"的区别。（见问题 51）

18. "能"与其他情态动词的连用。

a. 位于后项的"能"与其他情态动词的连用。（见问题 33）

b. 位于前项的"能"与其他情态动词的连用。（见问题 34）

19. "不能不"与"不得（dé）不"的异同。（见问题 39 和问题 40）

20. "不能不"与"不会不"的异同。（见问题 26）

21. "能"和"可以"的异同。（见问题 37 和问题 38）

22. "能"和"会"的异同。（见问题 25～问题 32）

23. 表示认识情态时，"能""会"和"要"之间的差异。（见问题 42）

24. 表动力情态 [能力] 时，"能""会"与"可以"之间的异同。（见问题 41）

25. "能不能"与"V 不 V"的区别。（见问题 56）

a. 能不能。

b. "能不能"与"V 不 V"的区别。

26. "能"与可能补语的差异。（见问题 54）

27. "（如果）……就能……"和"（如果）……就会……"的差异。（见问题 31）

28. "能"与"can"的异同。（见问题 45）

29. "能"在泰语、韩语、日语中的表达形式。（见问题 43 和问题 44）

上面这些语言点总体上可以分为情态动词"能"的句法格式和语义类型，"能"的各情态义及其句法特征，"能"的否定形式，制约"能"的情态义解读的语法范畴，"能"与情态动词"会""得""可以""要"的辨析，"能"与其他情态动词的连用情况，"能"在英语、泰语、韩语、日语中的表达形式等。

根据"能"的这些语言点的难易程度、学习者习得情况、与二语者母语的异同等因素，这些教学内容可以逐级分配到初级、中级和高级三个学习阶段的教学中。

二、情态动词"能"的分层教学

情态动词"能"的用法多而繁杂，因此在二语教学中有必要进行分阶段讲解。针对不同水平的学习者，我们将前文所提及的情态动词"能"的教学内容划分到初级阶段、中级阶段和高级阶段的教学中。

（一）初级阶段的语言点

该阶段的教学内容主要包括现代汉语情态动词"能"的句法格式"能＋动词/形容词"，"能"的[能力][条件]和[许可]义，"能"的否定形式"不能"，"能"的正反疑问形式"能不能+V"。根据学生的情况可以适当安排讲解有关"能"的这些用法在二语学习者母语中的对应表达形式。

具体来说，"能"在初级阶段的教学内容主要包括1、2b、4、8、13a、25a，28和29可根据情况有选择性地讲解。有些初级阶段的教材将情态动词"能、会、可以、要"都安排在一课中进行集中讲解。这样的编排当然可以让学生对情态动词有较全面系统的认识。不过，由于这几个情态动词在用法上有较多交织，所以不少学生到了高年级仍不是太清楚它们有哪些异同。所以，情态动词的这些用法到了中级阶段也有必要适当增加一定的复现率以及相应的练习。

（二）中级阶段的语言点

这一阶段的教学内容主要有"能"的[用途]和[可能]义，"能"分别表达[能力][许可]和[可能]时的句法表现，"能"被"还、就、都、才"等副词修饰的用法，"能"与情态动词"要、会、可以"的辨析，"能"与可能补语的辨析，"能不能"与"V不V"的辨析，现代汉语情态动词的三种情态语义类型等语言点。也就是说这部分内容主要是教授"能"的各个情态义项及其句法特征，以及与其他情态动词或近似用法的辨析。

具体来说，"能"在中级阶段的语言点主要包括5、7、9、10、11、12、21、

22、23、24、25b、26，28 和 29 可根据情况有选择性地讲解。此外，有些教学内容还可以穿插在其他语法点的讲解里。例如，在讲"V 不 V"和可能补语时，就可以视教材的情况决定是否加入"能"与这两个语法点的辨析。

（三）高级阶段的语言点

该阶段的教学内容主要包括"能"的"善于"义，"能"被"最、很、真"等程度副词修饰的用法，"能"的否定形式"没能""能没""能不""没能不""不能没""不能不"以及"不能"与"没能"的辨析，"就能"与"能就"的差异，"能"与其他情态动词的连用，"能"与其他语法范畴的互动关系，"不能不"与"不会不"的辨析，"不能不"与"不得（dé）不"的异同等。

具体来说，"能"在高级阶段的语言点主要包括 2a、3、6、13b、13c、14、15、16、17、18、19、20、27。到了高级阶段，学生已经基本上掌握了大多数语法点，所以当情态动词"能"再现时，可以视情况将这些语言点加进课堂教学中。这样既可以让二语学习者更好地认识"能"的用法，又可以帮助他们在阅读和写作中准确地理解和应用情态动词"能"的用法。

总的来说，我们虽然对情态动词"能"的教学内容做了简要的分层处理，但由于其用法比较庞杂，所以在实际教学中仍需要教师根据学生的水平、接受度等情况进行灵活处理。

64.怎样分阶段讲解情态动词"会"？

从前文的介绍，我们可以看出情态动词"会"用法的复杂性。然而，在很多大纲和教材中，"会"的不少用法却既没有体现出来，也没有进行过分阶段处理。肖奚强（2009：1-9）认为，留学生的习得情况应是教学语法分级排序最重要的依据。陆庆和（2006：149）指出，汉语的助动词应该根据难易程度，进行分层教学，而且还应该注意学生母语与汉语的异同。

我们将综合上面这些指标对情态动词"会"的各情态义项及其相关语言点进

行汇总，然后对其进行分级排序。

一、情态动词"会"的教学内容

我们梳理了一下情态动词"会"的教学内容，语法点主要有：

1.现代汉语情态动词"会"的句法格式。

a."会"＋动词。例如：

（1）你会吐大烟圈么？

b."会"＋形容词。例如：

（2）他没想到自己会如此镇静。

2."会"的［能力］义。

a.善于做某事。例如：

（3）中国人最会喝茶。

b.懂得怎样做或有能力做某事。例如：

（4）以前他不怎么会说普通话，现在会（说）了。

3."会"可以被"最、很、真"等程度副词修饰。例如：

（5）中国人最会喝茶。

（6）他将来一定很会赚钱的。

（7）你真会说。

4."会"表示［能力］时的句法表现。（见问题15）

5."会"的［盖然］义。

a.表示一种极高的可能性，介于［可能］与［必然］之间。例如：

（8）现在他不会在家里。

b.表示说话人依据认识对象的某种"习性"对该事件进行［盖然］性的推断。例如：

（9）秋天叶子会黄。

6."会"的［习性］义。

a.表示自然规律。例如：

（10）水到100度会开。

b. 表示习惯。例如：

（11）这样的傍晚，她会痴痴地望着远方的小路，等待自己出门在外的儿子。

7. "会"表示 [盖然] 时的句法要求。（见问题 16 和问题 17）

8. 现代汉语情态动词有动力情态、道义情态和认识情态三种情态语义类型。情态动词"会"可以表达动力情态 [能力] 和认识情态 [盖然]。

9. "会"的外部否定形式。

a. "不会"中的"会"可以表示 [能力]。例如：

（12）嗯，因为它已经不会飞了！

b. "不会"中的"会"可以表示 [盖然]。例如：

（13）年过得热热闹闹，人就不会总想着老家了。

c. 不可以说"没会"。（见问题 46）

10. "会"的内部否定形式。

a. "会没"中的"没"可以对"有"进行否定，"会"表示认识情态 [盖然]。例如：

（14）本单位孩子都收不了，招外单位的大家会没有意见？

b. "会没"中的"没"可以对体进行否定，"会"表示认识情态 [盖然]。例如：

（15）乃文怎么会没告诉她呢？

c. "会不"后可以跟"知道、愁、担心、放心、感动、害怕、害羞、后悔、怀疑、满意、满足、明白、佩服、屈服、伤心、失望、误会、误解"等静态动词构成反问句，这时"会"表达 [盖然]。例如：

（16）这件事他会不知道吗？

11. "会"在双重否定形式"不会没"和"不会不"中都表示 [盖然]，表示极大的可能。例如：

（17）这一声绝对不会没有意义。

（18）他们不会不给我票。

12. 制约"会"的情态义解读的语法范畴。（见问题 18 和问题 19）

13. "是不是会"和"会不会"的区别。（见问题 23）

14. 动词"会"和情态动词"会"的区别。

a. 动词"会"的后面可以跟名词、动词、疑问代词，意思是"熟习、通晓"。例如：

（19）他会汉语。

b. 情态动词"会"的后面只能跟动词或者形容词，可以表示动力情态 [能力] 和认识情态 [盖然]。例如：

（20）他会说汉语。

（21）我会不会见过他呢？

15."会"表示的"可能性"。（问题 21 ）

16."会"与其他情态动词的连用。

a. 位于后项的"会"与其他情态动词的连用。（见问题 35 ）

b. 位于前项的"会"与其他情态动词的连用。（见问题 36 ）

17."不能不"和"不会不"用法上的异同。（见问题 26 ）

18."能"和"会"用法上的异同。（见问题 25 ~ 问题 32 ）

19."能""会"与"可以"表动力情态 [能力] 时的异同。（见问题 41 ）

20. 表示认识情态时"能""会"和"要"的区别。（见问题 42 ）

21."（如果）……就能……"和"（如果）……就会……"的区别。（见问题 31 ）

22."会不会"与"V 不 V"的区别。（见问题 23 ）

23."会"与"can"的异同。（见问题 45 ）

24."会"在泰语、韩语、日语中的表现形式。（见问题 43 和问题 44 ）

上面的内容主要涉及情态动词"会"的句法格式和语义类型、"会"的情态义及其句法特征、"会"的否定形式、制约"会"的情态义解读的语法范畴、"会"与其他情态动词的辨析及连用、"会"在其他语言中的对应形式等。我们将以这些教学内容的难易度、学习者的习得情况、与二语者母语的异同等作为参考依据，将"会"的这些语言点分配到初级、中级和高级三个学习阶段的教学中。

二、情态动词"会"的分层教学

现代汉语情态动词"会"的语言点不少,有必要对这些教学内容进行分步骤、分水平的讲解,所以我们分初级、中级和高级三个阶段来讲解这些语法点。此外,"会"的这些教学内容与前文"能"的内容是有交叉的,这也是本书选取这两个情态动词的原因。

(一)初级阶段的语言点

这一阶段的语言点主要有情态动词"会"的句法格式"会+动词/形容词","会"的[能力]义,"会"的否定形式"不会","会"的正反疑问形式"会不会+V",动词"会"和情态动词"会"的差异,有关"会"在二语学习者母语中的对应情况等。有的初级阶段教材会把"能、会、可以、要"这几个情态动词集中起来进行讲解。因为,它们不仅同为情态动词,而且用法上还有不少交织之处,所以"会"的这些教学内容有必要在中高级阶段也安排一定的复现率以及相应的练习。

具体来说,"会"在初级阶段的教学内容主要包括 1、2b、9a、14,23 和 24 可有选择性地讲解。

(二)中级阶段的语言点

该阶段的教学内容主要有"会"的[盖然]及[习性]义,"会"表达[能力]和[盖然]时的句法表现,"会"被"就、只、还、也"等副词修饰的用法,"会"与情态动词"要、会、可以"的辨析,"会不会"与"V不V"的辨析,"是不是会"和"会不会"的差异等语言点。

具体来说,"会"在中级阶段的教学内容主要包括 4、5、6、7、8、9b、13、15、18、19、20、21、22,23 和 24 可有选择性地讲解。这一阶段主要侧重于讲解"会"的情态义及其句法特点,还有与其他情态动词的辨析,所以应适当安排相应的语法练习,还可以穿插讲解有关"会"在二语学习者母语中的对应表达形式。

（三）高级阶段的语言点

该阶段的教学内容主要包括"会"的"擅长"义，"会"被"最、很、真"等程度副词修饰的用法，"会"的否定形式"会没""会不""不会不""不会没"，"会"与其他情态动词的连用，"会"与其他语法范畴的互动关系，"不能不"与"不会不"的辨析等。

具体来说，"会"在高级阶段的语法点主要包括2a、3、9c、10、11、12、16、17。进入到高级阶段后，除了应继续巩固有关"会"与其他情态动词的辨析，还应着力安排"会"的否定形式、与其他语法范畴的限制关系等方面的教学内容，这样可以使二语学习者更全面地理解并掌握情态动词"会"的用法。

总的来说，我们虽对情态动词"会"的教学内容做了分层处理，但在实际教学中，仍需要教师根据学生的水平、接受度等情况进行灵活处理。

二、教学设计

65.怎样设计和安排"能"的课堂活动和练习？

吕必松（1996：83-106）指出，对外汉语的教学过程和教学活动主要包括总体设计、教材编写（或选择）、课堂教学和成绩测试四大环节，其中，课堂教学是中心环节，其他环节都必须为它服务。宋安琪、孙丹（2016）认为，教学活动是指课堂上所有教学行为的总称，主要包括复习旧课、导入新课、讲授新课、师生互动、课堂总结、布置作业等一系列教学环节；广义的课堂活动是指课堂教学中教师和学生为实现特定的教学目标而开展的所有活动，也就是教学活动；狭义的课堂活动则是指为达到教学目标，由教师设计并在课堂上实施、师生共同参与、有特定内容和形式的实践活动。姜丽萍、李俊芬（2014：49）认为，课堂活动设计可以分为准备阶段、活动设计阶段和实施阶段；准备阶段主要是研究教学内容和教学目标，了解学生的基本情况，检查教学场地和设备等；活动设计阶段主要包括确定语言交际的主题、内容、形式、进程，设计活动的组织形式和步骤，调整活动难度，撰写活动教案等；实施阶段主要是营造良好的课堂氛围、掌控教学节奏以及灵活处理活动的异常情况。

王巍（2012）指出，二语教学中课堂活动的设计原则为目的性、趣味性、多样性和可操作性。宋安琪（2016）指出，大部分对外汉语教师认为课堂活动设计最重要的原则是趣味性，接下来分别是可操作性、目标性、多样性、安全性、适宜性、全体性。不过，我们认为，在设计对外汉语课堂活动时，应该根据学生的水平与接受情况来确定以哪个原则为重。例如，对初级阶段的学生来说，课堂活动的趣味性尤为重要。因为留学生刚接触汉语，常会有汉语难学的印象，所以该阶段课堂活动的设计应该以引起学生的兴趣和注意力为原则。但是到了中高级阶段，教学内容更加抽象和复杂，为了完成教学任务，通常会侧重于教学活动的目的性和可操作性，而非趣味性。

丁安琪（2007）把对外汉语课堂活动分为信息输入型和信息输出型，其中信息输出型还可以分为控制型和自由型；输入型课堂活动主要有抄写课堂笔记并记住内容，朗读课文或其他相关专题文章，用录音机听磁带练习听力，阅读中文书籍、报纸或杂志，采用视听手段（如看电视、看录像等），上网学习（如上网阅读或听中文等）；控制型课堂活动有语法练习、跟老师反复操练（如学习句型）、写故事或其他与课文相关的中文文章、完成老师布置的课堂作业、背诵对话或课文；自由型主要有2人一组进行课堂对话/讨论，3~5人一组进行课堂对话/讨论，在课堂上做口头报告，演戏剧、扮演角色、唱中文歌和做语言游戏，完成老师布置的具有信息差的交际任务（如问同学的爱好等）。丁安琪认为课堂活动不应该只用其中一种，而应该综合几种，这也符合"教无定法"的教学理念。我们也认为对外汉语教学应该根据教学内容和教学对象的水平来选择适当的教学活动。

徐子亮、吴仁甫（2005：106）认为，语法练习的目的就是要把学习者头脑中的陈述性知识化为程序性知识，或者要让学习者熟练运用系列性的产生式，并达到自动化。语法练习的方法可以分为辨别性的和应用性的。辨别性的练习主要有：朗读课文并找出带有目标语法点的句子；听短文，记录并找出带有目标语言点的句子；给情景，要求选择带有相关语法点的句子来展示某种情况。应用性的练习有：提问，引导学习者运用目标语法点回答；给词语，要求造出带目标语法点的句子；找出课文中带目标语法点的句子，模仿造句；教师说出带目标语法点的句子，学习者演示。

综上所述，我们可以看出对外汉语的课堂活动和语法练习是息息相关的。我们将结合王巍（2012）和宋安琪（2016）有关二语教学中课堂活动的设计原则，介绍几个有关情态动词"能"的课堂活动。下面的课堂活动设计均选自杨玉玲的《国际汉语教师语法教学手册》（第 2 版）和王燕飞、伍英姿、王莉、王猛编的《汉语语法课堂活动》。

一、谁是吹牛大王

活动要求：学生两人一组进行吹牛比赛，全班学生共同评出"吹牛大王"。

例如：一位同学说"我能吃 6 个橘子"，第二个同学说"我能吃 9 个橘子"，依次让每组同学回答，直至全班同学都完成。

二、接龙游戏之物尽其用

活动准备：

1. 准备纸币、手机、笔记本电脑等教具。

2. 相关语法点的学习："能"的 [用途] 义。

活动要求：

1. 将班上的学生分为两组。

2. 教师问"六十块钱能做什么？"，每组的第一位同学回答，然后是每组的第二位同学回答，依次接龙，直至两组的同学都回答完。答出的同学得一分，答不上来或答错都不得分。

3. 教师接着提出第二个问题"手机能做什么？"，同样请两组同学依次回答该问题。所有的问题都按这样的形式依次接龙完成。最后得分高的小组为获胜方。

三、分组辩论"人生大事"

活动准备：

1. 准备上大学、毕业、工作、结婚等事件或场景相关的图片。

2. 相关语法点的学习："能"的［条件］义。

活动要求：

1. 将班上的学生分为 A 组和 B 组。

2. 教师向 A 组的第一位同学提问"你认为怎样才能考上大学？"，该同学回答后，请 B 组的同学反驳刚才 A 组同学的观点。下面再请每组的第二位同学就这个问题进行辩论，以此类推逐个进行。

3. 辩论进行过几轮后，教师再问新的问题，两组学生依次回答，直至回答完所有的问题。

同样也是采取计分的形式，"能"的用法使用正确得分，没使用或使用错误不得分。最后看看哪组学生得分最高。

四、APP 功能调查（微信与支付宝的差异）

活动准备：

1. 设计一张有关微信与支付宝功能异同的调查表。

2. 相关语法点的学习："能"的［用途］义。

活动要求：

1. 班上的学生两人一组，每组发一张调查表。

2. 两位同学采用问答的形式完成关于微信功能的调查表格。

3. 两位同学互换角色，用同样的问答形式完成关于支付宝功能的调查表。

4. 各组学生对微信和支付宝的功能进行总结，然后到讲台前汇报其调查结果。

五、讨论"社会公约"

活动准备：

1. 将公共场所的图片、各类警示标志制作成 PPT，并标注上相应的汉字、拼音和英文。

2. 设计一张有关公共场所公约的调查表。

3. 相关语法点的学习：表［许可］的"能"的肯定、否定和疑问的表达形式。

活动要求：

1. 班上的学生两人一组，每组一张调查表。

2. 小组成员一起讨论调查场所中哪些行为是许可的，哪些行为是禁止的，并记录下调查结果。

3. 教师对调查表中的每个场所进行提问，请每组的代表来回答。

这个课堂活动还可以将调查表先发给学生，然后让学生利用课余时间对表中的公共场所进行调查，拍摄图片并制作成 PPT，课堂上请每组同学展示他们的调查情况。此外，还可以让学生去调查学校的规章制度、不同文化的禁忌。

上面这几个课堂活动主要是针对初、中级阶段的留学生设计的。对于高级阶段的学生，可以请他们做 PPT 展示或者表演话剧、小品等。

66. 怎样设计和安排"会"的课堂活动和练习？

吕必松（1996：83-106）指出，课堂教学是对外汉语教学过程和教学活动的中心环节。宋安琪、孙丹（2016）认为，广义的课堂活动就是指教学活动，即课堂教学中教师和学生为实现特定的教学目标而开展的所有活动；狭义的课堂活动则是指为达到教学目标，由教师设计并在课堂上实施、师生共同参与、有特定内容和形式的实践活动。姜丽萍、李俊芬（2014：49）认为，课堂活动设计可以分为准备阶段、活动设计阶段和实施阶段。宋安琪（2016）指出，对外汉语的课堂活动设计原则有趣味性、可操作性、目标性、多样性、安全性、适宜性、全体性。不过，我们认为，在设计二语教学的课堂活动时，应该根据学生的水平及其接受情况来确定用哪个或哪几个原则。

丁安琪（2007）认为，对外汉语课堂活动可以分为信息输入型和信息输出型，不过，在真实的课堂活动中应该综合多种类型的活动，这也符合教无定法的教学理念。我们也认为，对外汉语教学应该根据教学内容和教学对象的水平来选择适当的教学活动。徐子亮、吴仁甫（2005：106）指出，语法练习的方法可以分为辨别性的和应用性的。我们结合宋安琪（2016）有关课堂活动的设计原则，从杨玉玲的《国际汉语教师语法教学手册》（第2版）和王燕飞、伍英姿、王莉、王猛编的《汉语语法课堂活动》中选取了几份有关情态动词"会"的课堂活动设计。

一、谁的本领最大

活动要求：学生两人一组互问互答，看看本领最大的是谁。例如，一位同学说"我会游泳，你会游泳吗？"他的同伴说："我不会游泳，但我会踢足球。"

二、看图说话

活动准备：教师准备一组不同人物进行各种技能类活动的图片，如一个男的在踢足球，一个女的在骑自行车，等等。

活动要求：学生两人一组，看图片，用"他 / 她会不会……？"进行会话。

三、学本领

活动准备：

1.准备几张游泳、打球、跳舞、唱歌等方面的图片，给出对应的动词提示并标注相应的拼音和英文提示。

2.设计一张有关本领的调查表。

3.相关语法点的学习："会"的 [能力] 义。例如：

A：你会说什么语言？

B：我会说德语。

A：你什么时候学的？

B：我上大学的时候就会说了。

活动要求：

1.将学生分为两人一组，每组分发一张有关本领的调查表。

2.小组讨论，互相询问对方有什么本领，什么时候学会的，并将所有情况记在调查表里。然后再谈谈表里没有写到的本领，并记录下来。

3.教师请几组同学到讲台前说说自己小组的调查情况。

四、"我问你答"

活动要求：学生两人一组，用"我问你答"的形式进行简短会话。问题如：

1. 你会游泳吗？

2. 你会说汉语吗？

3. 你会踢足球吗？

4. 你会不会做菜？

5. 你会不会游泳？

6. 你会不会滑冰？

五、会话表演

活动准备：

1. 准备几张公司的招聘海报，标明公司的情况简介、职位要求、薪资待遇、应聘的时间范围、联系方式等。

2. 设计一张公司的应聘表格。

3. 相关语法点的学习："会"的 [能力] 义。

活动要求：

1. 将班上的学生分成若干小组。

2. 学生进行小组讨论，讨论怎样进行自我介绍，自己有哪些优点和缺点，打算应聘哪个岗位，等等。

3. 请每一组的小组成员分角色扮演招聘负责人和应聘者，然后到讲台前进行会话表演。

对于初、中级阶段的留学生来说，上面所谈到的课堂活动是比较适宜的。到了高级阶段，课堂活动可以设计成让学生使用"会"来做主题演讲或者表演相声小品等形式。

三、教学方法

67. "能"和"会"的教学方法和策略有哪些?

教师确定好教学目标、教学内容和教学对象以后,都希望找到一套效果好,又省时、省力的教学方法(任远,1996:58)。赵金铭在《实用对外汉语教学法》的序里指出,教学方法是技法层面的东西,技法是可学的,关键在于创新,不过教学方法应该根据教学对象、教学环境、教学阶段、教学内容等可变因素的改变而灵活变通。

刘珣(2000:366-368)认为,对外汉语语法教学是以外国人为对象,进行从语言到言语的教学与训练,通过讲授用词造句的规则和大量言语技能的操练,使外国人能够听、说、读、写汉语,首先要解决"知其然"的问题。语法教学的原则主要有:通过语言对比突出语法的重点和难点;从句型入手,句型操练与语法知识的归纳相结合;由句子扩大到话语;语法结构的教学与语义、语用和功能的教学相结合;精讲多练,以练习为主;先易后难,循序渐进地安排语法项目;重视纠正学习者的语法错误。

周小兵(2002:138-141)指出,二语语法教学的特点主要有实用第一、意义和形式并重、考虑篇章和语用因素、语法规则的细化和使用条件的充分、注重描写基础上的解释、注重习得研究、使用统计方法和实验方法。周小兵、李海鸥(2004:215-219)还指出,对外汉语语法教学的方法主要有情景化教学、生成式教学和对比教学,语法点的教学技巧主要有公式展示、图片、教具、情景、动作演示、内部对比等。徐子亮、吴仁甫(2006:99)指出,图示法、归纳法、演绎法、对比法和归类法等是第二语言语法教学最为常用的方法。

"能"和"会"的教学也是语法教学。我们参照前文有关语法教学的原则、特点、方法、技巧等来介绍几个"能"和"会"的教学案例。

一、对比教学法

周小兵、李海鸥（2004：215-219）指出，对比教学可以分为汉外对比和汉语内部对比。我们可以将这两种方法应用到"能"和"会"的教学中。前文已有论述，下面只列举语法点而不再举例详述。

（一）"能""会"与学生母语表达形式的对比

本书前文已讨论了"能"和"会"在英语、泰语、韩语和日语中的对应表达形式。此处我们仅以"能"和"会"与"can"的异同为例。

1. 相似之处

（1）具有相同的情态类型："能"和"会"与"can"都可以表达动力情态和认识情态。

（2）具有相同的句法表现："能"和"会"与"can"都可以放在动词的前面，也都有编码功能。

2. 不同之处

（1）不同的情态义：在表达情态义时，"能"和"会"都可以表达动力情态中的"本能"或"擅长做某事"，而"can"没有这样的用法；"能"与"can"都可以表达道义情态，而"会"没有这样的用法；"能"与"can"都可以表示动力情态中的"能力达到一定程度、水平"，而"会"没有这样的用法；"能"和"可以"之间的区别类似于"can"和"may"之间的差别，而"会"却没有这样的区分。

（2）不同的句法表现："能"和"会"可以与其他情态动词连用，而"can"却不可以；"can"有过去式"could"，而"能"和"会"却没有时态的变化；"can"的一般疑问句形式需要倒装，而"能"和"会"是在句尾加"吗"；它们的否定形式也不同，"can/could"的否定形式是"can't/couldn't"，而"能"和"会"的否定形式有"不能、没能、没能不、不能没、不能不、不会、不会没、不会不"。

（二）"能""会"内部的对比以及与其他情态动词的对比

情态动词"能"和"会"都是多义情态动词，它们的各个情态义之间都有所差别。"能"和"会"与其他近义的情态动词也有所不同。

1."能/会"内部的对比

（1）"能"的动力情态[能力]、道义情态[许可]和认识情态[可能]用法上的差异。

（2）"会"的动力情态[能力]和认识情态[盖然]用法上的差异。

2."能"与"会"的对比以及与其他近义情态动词的对比

（1）"能"和"会"在句法、语义上的异同。

（2）"能"与"可以"在句法、语义上的异同。

（3）"能""会"与"要"之间的异同。

（4）"不能不"与"不得不"之间的异同。

（5）"不能不"与"不会不"之间的异同

二、情景教学法

周小兵、李海鸥（2004：215）指出，情景就是话语出现和使用的特定场合，情景化教学可以分为用人、用物以及用动作三种情景模式。我们可以将这几种情景应用到"能"和"会"的教学中。

（一）采用图片、PPT、视频等展示情景

在讲"会"的[能力]义时，可以向学生展示不同人进行各种技能活动的图片/PPT/视频等，然后让学生用"会"说出他们掌握的技能。

在讲表[许可]的"能"的否定形式时，可以向学生展示各种表示禁止标记的图片/PPT/视频等，然后让学生用"不能"来说明图片的含义。

（二）用人或者动作演示情景

在教"能"的[能力]义时，让几个学生到讲台前，看看他们在一分钟内能

写多少个汉字，然后请他们计算并用"能"汇报自己写的汉字数量。

在教"会"的[可能]义时，请班上所有学生回答"你周末会不会去公园？"，然后把答案（"会去"或者"不会去"）写在纸上。教师请两位同学猜猜彼此的答案。回答完毕后，学生亮出自己的答案。

综上所述，每种教学方法或技巧都有其优缺点，教师在教授"能"和"会"时，需要根据语法点的内容或语言技能的要求进行取舍。

例如初级阶段讲授"能"和"会"时，使用图片或情景来教学，学生会比较容易理解。中高级阶段讲授"能"和"会"与其他情态动词的异同、与其他情态动词的连用、与其他语言的对比等较复杂的用法时，使用对比、归类等方法，利用图表进行演示，学生更容易掌握其要点。

在听说课中教授"能"和"会"时，可以采用图片、教具、情景、表演等方法。在读写课上教授"能"和"会"，可以应用图表、教具、对比、归类等方法。不过，在具体教学中，还是得根据"能"和"会"具体的语法点来确定用一种还是多种教学方法或技巧。

此外，慕课、翻转课堂等教学方式虽然都有各自的优点，但也应根据教学内容或者课型来确定。教学的方法和技巧最终是要落到让学生易懂易学的目的上，而不是方法或技巧本身。除了要注意情态义及其用法的难易程度之外，还应将学习者的母语背景考虑进去，应对"能"和"会"与学习者母语的对应表达形式的异同进行对比分析，从而有针对性地调整教学内容。前文有关"能"和"会"与英语、泰语、韩语和日语的对应形式，可供教学时参考。

参 考 文 献

白云（2014）日本学生"能""会""可以"的偏误分析及教学对策，上海外国语大学硕士学位论文。

陈光磊（1981）关于衡词的考察，《复旦学报》（社会科学版增刊）。

陈望道（1978）《文法简论》，上海：上海教育出版社。

程美珍（1997）《汉语病句辨析九百例》，北京：华语教学出版社。

崔希亮（2003）事件情态和汉语的表态系统，中国语文杂志社编《语法研究和探索（十二）》，北京：商务印书馆。

戴耀晶（1997）《现代汉语时体系统研究》，杭州：浙江教育出版社。

丁安琪（2007）关于日本本科留学生对汉语课堂活动有效性评价的分析——对外汉语课堂活动系列调查之四，《世界汉语教学》第 1 期。

丁声树等（1961）《现代汉语语法讲话》，北京：商务印书馆。

渡边丽玲（2000a）助动词"能"与"会"的句法语义分析，陆俭明主编《面临新世纪挑战的现代汉语语法研究——1998 现代汉语语法学国际学术会议论文集》，济南：山东教育出版社。

渡边丽玲（2000b）助动词"可以"与"能"的用法比较分析，《第六届国际汉语教学讨论会论文选》，北京：北京大学出版社。

樊谊军（2012）现代汉语"能"与"会"的用法对比及其偏误分析，上海师范大学硕士学位论文。

范方莲（1964）试论所谓"动词重叠"，《中国语文》第 4 期。

傅雨贤、周小兵（1991）口语中的助动词，中国语文杂志社编《语法研究和探索（五）》，北京：语文出版社。

高名凯（1957）《汉语语法论》，北京：科学出版社。

郭继懋、沈红丹、刘芳芳（2001）表"必然肯定模态"意义时"必须"与"不能不"的差异，《天津外国语学院学报》第 4 期。

郭锐（1993）汉语动词的过程结构，《中国语文》第 6 期。

郭锐（1997）过程和非过程——汉语谓词性成分的两种外在时间类型，《中国语文》第 3 期。

郭诗艺（2019）柬埔寨华校中小学生汉语能愿动词"能、会、可以"习得顺序研究，吉林外国语大学硕士学位论文。

郭昭军（2003）从"会₂"与"可能"的比较看能愿动词"会₂"的句法和语义，中国语文杂志社编《语法研究和探索（十二）》，北京：商务印书馆。

侯友兰（2007）助动词"会"与"能"语义语用比较，载王建华、张涌泉主编《汉语语言学探索》，杭州：浙江大学出版社。

胡裕树（1995）《现代汉语》，上海：上海教育出版社。

黄伯荣、廖序东（2011）《现代汉语》（第 5 版），北京：高等教育出版社。

黄郁纯（1999）汉语能愿动词之语义研究，台湾师范大学硕士学位论文。

姜丽萍、李俊芬（2014）《课堂活动设计指南》，北京：北京语言大学出版社。

蒋绍愚（2007）从助动词"解""会""识"的形成看语义的演变，《汉语学报》第 1 期。

金爱情、刘翼斌、彭利贞（2022）礼貌驱动的汉语道义情态表达，*Chinese as a Second Language Research*，Volume（11），Issue 2。

柯辛佩（1984）关于日、汉能愿表现的异同，《教学研究》第 2 期。

孔德媛（2013）汉语能愿动词"能""会"与英语情态动词对比分析，吉林大学硕士学位论文。

来思平（1999）试分析"能"和"会"（可能义）在句中的语义指向，北京语言文化大学汉语速成学院编《汉语速成教学研究》（第 2 辑），北京：华语教学出版社。

赖鹏（2016）《英语母语者汉语情态习得多角度探析》，广州：中山大学出版社。

黎锦熙（1955）《新著国语文法》，北京：商务印书馆。

李大忠（1996）《外国人学汉语语法偏误分析》，北京：北京语言文化大学出版社。

李庚钧（1979）能愿动词的范围和功用，《辽宁大学学报》（哲学社会科学版）第 5 期。

李华峰（1956）学习汉语课本札记：能愿动词，《语文学习》第 12 期。

李小凡（2000）现代汉语词尾"了"的语法意义再探讨，中国语文杂志社编《语法研究和探索（十）》，北京：商务印书馆。

李亚娟（2009）"能""会"和"可以"的认知研究及偏误分析，苏州大学硕士学位论文。

梁式中（1960）关于助动词——兼评刘坚同志《论助动词》，《中国语文》第 5 期。

林刘巍（2016）汉语情态和否定的互动研究，浙江大学博士学位论文。

林刘巍（2019）《汉语情态强度研究》，北京：社会科学文献出版社。

刘沛霖（2017）《韩国语语法》（第 2 版），北京：商务印书馆。

刘润清（2013）《西方语言学流派》，北京：外语教学与研究出版社。

刘珣（2000）《对外汉语教育学引论》，北京：北京语言大学出版社。

刘翼斌、彭利贞（2010）论情态与体的同现互动限制，《外国语》第 5 期。

刘英林（1996）《汉语水平等级标准与语法等级大纲》，北京：高等教育出版社。

刘月华、潘文娱、故铧（2001）《实用现代汉语语法》，北京：商务印书馆。

卢传福（1997）对"不能不"的再认识，《中学语文教学》第 6 期。

卢英顺（1991）谈谈"了₁"和"了₂"的区别方法，《中国语文》第 4 期。

鲁健骥（1994）外国人学汉语的语法偏误分析，《语言教学与研究》第 1 期。

鲁晓琨（日本）（2004）《现代汉语基本助动词语义研究》，北京：中国社会科学出版社。

陆庆和（2006）《实用对外汉语教学语法》，北京：北京大学出版社。

吕必松（1996）《对外汉语教学概论》讲义。

吕叔湘（1956）《中国文法要略》，北京：商务印书馆。

吕叔湘（1979）《汉语语法分析问题》，北京：商务印书馆。

吕叔湘（1986）关于否定的否定，《中国语文》第 1 期。

吕叔湘（1992）通过对比研究语法，《语言教学与研究》第 2 期。

吕叔湘（1999）《现代汉语八百词》，北京：商务印书馆。

马建忠（1983）《马氏文通》，北京：商务印书馆。

马庆株（1988）能愿动词的连用，《语言研究》第 1 期。

马庆株（1992）《汉语动词和动词性结构》，北京：北京语言学院出版社。

马希文（1983）关于动词"了"的弱化形式 lou，《中国语言学报》第 1 期。

闵星雅（2007）助动词"能"和"会"的认知研究，上海师范大学博士学位论文。

潘文国（2003）对比研究与对外汉语教学——兼论对比研究的三个时期、三个目标和三个层面，《暨南大学华文学院学报》第 1 期。

潘文国（2006）语言对比·语言特点·语言教学，《云南师范大学学报》（对外汉语教学与研究版）第 1 期。

潘霄驰（2014）针对母语为英语留学生的对外汉语"能""会"教学设计，吉林大学硕士学位论文。

裴晓睿、薄文泽（2017）《泰语语法》，北京：北京大学出版社。

彭利贞（1996a）对外汉语教学语言与中介语，《中国对外汉语教学学会第五届学术讨论会论文选》，北京：北京语言学院出版社。

彭利贞（1996b）说《词汇等级大纲》的词类标注问题，《中国对外汉语教学学会成立十周年纪念论文选》，北京：北京语言学院出版社。

彭利贞（1997）论中介语的语篇层次，《第五届国际汉语教学讨论会论文选》，北京：北京大学出版社。

彭利贞（1999）试论对外汉语教学语言，《北京大学学报》（哲学社会科学版）第 6 期。

彭利贞（2004）论语义成分的溢出与隐入，《语言科学》第 5 期。

彭利贞（2005a）论动力情态的现实否定，《北方论丛》第 1 期。

彭利贞（2005b）情态动词受"没"外部否定现象考察，（日本）《现代中国语研究》总第 7 期。

彭利贞（2007）《现代汉语情态研究》，北京：中国社会科学出版社。

彭利贞（2009a）论一种对情态敏感的"了$_2$"，《中国语文》第 6 期。

彭利贞（2009b）论同类情态的组配原则，21 世纪第四届现代汉语语法国际研讨会论文集《汉语语法研究的新拓展》（四），北京：北京大学出版社。

彭利贞（2011）《从语义到语法》，北京：中国社会科学出版社。

彭利贞（2019）"不能不"和"不得不"情态的主观客观差异，《对外汉语研究》第 1 期。

彭利贞、刘翼斌（2007）"应该"的情态与体的同现限制，《语言教学与研究》第 6 期。

彭利贞、刘翼斌（2008）论情态与词尾"了"的同现限制，《对外汉语研究》第 4 期。

彭利贞、刘翼斌（2012）汉语的主观情态和客观情态，*Chinese as a Second Language Research*，*Volume*（1），Issue 2。

彭利贞、宋永圭（2003）"不 + 能 + 没（有）+VP$_1$+ 就 +VP$_2$"构式研究，（韩国）中国语文研究会《中国语文论丛》第 25 辑。

彭利贞、张寒冰（2023）《汉语情态：理论与事实》，北京：商务印书馆。

彭小川、李守纪、王红（2004）《对外汉语教学语法释疑 201 例》，北京：商务印书馆。

皮细庚（1987）《新编日语语法教程》，上海：上海外语教育出版社。

朴玟贞（2016）韩语情态词尾与汉语相应情态动词对比研究，浙江大学博士学位论文。

齐沪扬（2003）语气系统中助动词的功能分析，《中国语言学报》第 11 期。

齐沪扬（2005）《对外汉语教学语法》，上海：复旦大学出版社。

邱根成、张鸿成、黄辉（2013）《最新实用日语语法（初级）》，上海：上海译文出版社。

任远（1996）对外汉语教学法研究的回顾与展望，中国对外汉语教学学会秘书处编《中国对外汉语教学学会成立十周年纪念论文选》，北京：北京语言学院出版社。

沙茜（2012）美国留学生汉语能愿动词的习得顺序考察，南京大学硕士学位论文。

沈家煊（1995）"有界"和"无界"，《中国语文》第 5 期。

施家炜（1998）外国留学生 22 类现代汉语句式的习得顺序研究，《世界汉语教学》第 4 期。

石毓智（2001）《肯定和否定的对称与不对称》，北京：北京语言文化大学出版社。

宋安琪（2016）对海外汉语教学中课堂活动开展情况的调查，《开封教育学院学报》第 3 期。

宋安琪、孙丹（2016）《国际汉语课堂活动设计与应用》，广州：暨南大学出版社。

宋永圭（2004）现代汉语情态动词"能"的否定研究，复旦大学博士学位论文。

肃父（1954）关于动词的形态和能愿词的词性，《文史哲》第 11 期。

孙华秋（2017）韩国学生能愿动词"能""会""可以"习得顺序研究，曲阜师范大学硕士学位论文。

孙瑞珍（1995）《中高级对外汉语教学等级大纲》，北京：北京大学出版社。

孙田（2017）《外语学习理论与方法教程》，芜湖：安徽师范大学出版社。

谭惠敏（2006）"不得不"与"不能不"的辨析，辽宁师范大学硕士学位论文。

汤廷池（1976）助动词"会"的两种用法，《语文周刊》第 1427 期。

汤廷池（1988）《汉语词法句法论集》，台北：学生书局。

汤廷池、汤志真（1997）华语情态词序论，载世界华文教育协进会编《第五届世界华语文教学研讨会论文集：语文分析组》，台北：世界华文出版社。

陶炼（1995）现代汉语助动词新论，载胡裕树、范晓《动词研究》，开封：河南大学出版社。

陶炼（2002）表示"许可"的助动词"可以""能"之差异研究，载陈光磊《语法研究与对外汉语语法教学》，太原：山西人民出版社。

佟慧君（1986）《外国人学汉语病句分析》，北京：北京语言学院出版社。

王力（1943/1985）《中国现代语法》，北京：商务印书馆。

王力（1985）王力先生在全体会上的讲话，《语言教学与研究》第 4 期。

王路（2011）中级水平韩国学生汉语能愿动词习得顺序考察，吉林大学硕士学位论文。

王舜真（2009）泰国学生现代汉语能愿动词"会""能""可以"习得情况考察，北京语言大学硕士学位论文。

王巍（2012）对外汉语教学中的课堂活动设计，《教育理论与实践》第 24 期。

王伟（1998）"能"的个案——现代汉语情态研究的认知纬度，中国社科院研究生院硕士学位论文。

王伟（2000）情态动词"能"在交际过程中的义项呈现，《中国语文》第 3 期。

王小梅（2017）汉泰助动词对比研究，厦门大学博士学位论文。

王晓华（2011）现代日汉情态对比研究，上海外国语大学博士学位论文。

王燕飞、伍英姿、王莉、王猛（2020）《汉语语法课堂活动》，北京：北京语言大学出版社。

王勇（2013）汉语助动词"会""能""可以"与泰语助动词"ไ"/Daj/ 的比较研究，湖南师范大学硕士学位论文。

吴辉（2007）汉语情态动词能和会的语义变化机制研究，湖南大学硕士学位论文。

武惠华（2007）"不由得"和"不得不"的用法考察，《汉语学习》第 2 期。

武荣强（2009）助动词"能"和"可以"用法考辨，《盐城师范学院学报》（人文社会科学版）第 6 期。

向二兰（2011）汉英助动词句法比较研究，华中师范大学博士学位论文。

肖慧（2012）情态动词"能"和"can"汉英对比研究，湖北大学硕士学位论文。

肖奚强（2001）略论偏误分析的基本原则，《语言文字应用》第 1 期。

肖奚强（2002）《现代汉语语法与对外汉语教学》，上海：学林出版社。

肖奚强等（2008）《汉语中介语语法问题研究》，北京：商务印书馆。

肖奚强等（2009）《外国学生汉语句式学习难度与分级排序研究》，北京：高等教育出版社。

肖奚强等（2012）《第二语言习得研究纵观》，北京：世界图书出版公司。

肖奚强等（2015）《外国留学生汉语偏误案例分析》，北京：世界图书出版公司。

谢佳玲（2002）汉语的情态动词，台湾清华大学博士学位论文。

熊文（2020）《汉语情态动词的二语习得研究——以"能"类为例》，昆明：云南大学出版社。

修俊俊（2022）焦点算子"也"与情态动词的相对语序限制，《汉语学习》第 2 期。

徐美玲（2010）汉泰情态动词"能、会、可以"与 DAI 的对比研究，浙江大学硕士学位论文。

徐美玲（2016）汉泰情态动词的对比研究，浙江大学博士学位论文。

徐子亮、吴仁甫（2006）《实用对外汉语教学法》，北京：北京大学出版社。

许和平（1991）汉语情态动词语义和句法初探，载《第三届国际汉语教学讨论会论文选》，北京：北京语言学院出版社。

许和平（1993）试论"会"的语义与句法特征，载邢公畹《汉语研究》（第 3 辑），天津：南开大学出版社。

薛国富（1989）"能愿动词+动词（形容词）"结构浅议，《贵州师大学报》（社科版）第 1 期。

闫伟娜（2016）蒙古学生习得能愿动词会、能、可以的偏误分析及教学策略，辽宁师范大学硕士学位论文。

杨德峰（2008）《日本人学汉语常见语法错误释疑》，北京：商务印书馆。

杨寄洲（1999）《对外汉语教学初级阶段教学大纲》，北京：北京语言文化大学出版社。

杨珊（2014）汉语能愿动词"能"与英语情态动词"can"的对比研究与教学策略，南昌大学硕士学位论文。

杨晓健（2014）能愿动词"能""会""可以"交叉义项习得情况考察，复旦大学硕士学位论文。

杨玉玲（2014）《国际汉语教师语法教学手册》（第 2 版），北京：高等教育出版社。

尹智铉（2016）汉语情态动词"能"与韩语相应情态表达对比研究，浙江大学硕士学位论文。

俞敏（1954）汉语动词的形态，《语文学习》第 4 期。

张爱民（1992）"有"字的意义与"有"字句式，载廖序东《汉语研究论集》（第一辑），北京：语文出版社。

张斌（1982）"会"的兼类问题，《汉语学习》第 6 期。

张寒冰（2015）现代汉语情态与指称的同现限制研究，浙江大学博士学位论文。

张洪岩（2001）英汉情态助动词对比研究，暨南大学硕士学位论文。

张凌波（2016）"能、会、可以"的偏误分析及教学策略，湖北大学硕士学位论文。

张冉（2019）泰国中学生情态动词"能、会、可以"习得偏误分析，安阳师范学院硕士学位论文。

张婷（2011）语法化理论下英汉情态动词 CAN 和能的对比研究，大连外国语学院硕士学位论文。

张亚军、陈可淼、荀春生（1984）《汉语口语 900 句》，上海：上海教育出版社。

张瑛泽（2017）现代汉语情态动词"会"研究，浙江大学硕士学位论文。

张豫峰（2002）《"得"字句与"有"字句》，延吉：延边大学出版社。

张志公（1958）《汉语语法常识》，上海：新知识出版社。

章士钊（1907）《中等国文典》，北京：商务印书馆。

赵元任（1952）《北京口语语法》，北京：开明书店。

赵元任（1979）《汉语口语语法》，北京：商务印书馆。

赵志强、李泉（2020）情态动词与形容词组配的语义限制——基于偏误的视角，《汉语学习》第 4 期。

郑天刚（2002）"会"与"能"的差异，载郭继懋、郑天刚《似同实异》，北京：中国社会科学出版社。

周小兵（1989）"会"和"能"及其在句中的换用，《烟台大学学报》（哲学社会科学版）第 4 期。

周小兵（2002）汉语第二语言教学语法的特点，《中山大学学报》（社会科学版）第 6 期。

周小兵、李海鸥（2004）《对外汉语教学入门》，广州：中山大学出版社。

周小兵、朱其智、邓小宁（2007）《外国人学汉语语法偏误研究》，北京:北京语言大学出版社。

朱德熙（1982/1999）《语法讲义》，北京：商务印书馆。

Chao, Yuen Ren (1968) *Grammar of Spoken Chinese*. Berkeley: University of California Press.

Chung, S., Timeberlake, A. (1985) Tense, aspect and mood. In: Shopen, T. (ed.) *Language Typology and Syntactic Description, V. III: Grammatical Categories and the Lexicon.* Cambridge: Cambridge University Press: 202-258.

Coates, Jennifer (1983) *The Semantics of the Modal Auxiliaries*. London & Canberra: Croom Helm.

Comrie (1985) *Tense*. Cambridge: Cambridge University Press.

Corder, S. Pit. (1967) The significance of learners' errors. *International Review of Applied Linguistics in Language Teaching*, Vol. 5 (No. 1-4)：161-170.

Dulay, H., Burt, M., & Krashen, S. (1982) *Language Two*. New York: Oxford University Press.

Givon (1994) Irrealis and the subjunctive. *Study in Language*, 18(2): 265-337.

Goldberg, Adele. E. (1996) Making one's way through the data, in Shibatani, M. & S. A. Thompson (eds.). *Grammatical Constructions: Their Form and Meaning*. Oxford University Press.

Guo, Jiang Sheng (1994) Social Interaction, Meaning, and Grammatical Form: Children's Development and Use of Modal Auxiliaries in Mandarin Chinese. PhD dissertation. University of California at Berkley.

Huddleston, Rodney (1976) Some theoretical issues in the description of the English verb. *Linga* 40: 331-383.

Li, Charles N. & Thompson, Sandra A. (1981) *Mandarin Chinese: A Functional Reference Grammar*. Berkeley, Los Angeles, London: University of California Press.

Lyons, J. (1977) *Semantics Vol. 2*. Cambridge: Cambridge University Press.

Palmer, F. R. (1979) *Modality and the English Modals*. New York: Longman.

Palmer, F. R. (1986) *Mood and Modality*（*1st Edition*）. Cambridge: Cambridge University Press.

Palmer, F. R. (2001) *Mood and Modality*（*2nd Edition*）. Cambridge: Cambridge University Press.

Perkins. Michael R. (1983) *Modal Expressions in English*. Norwood: Abler Publishing.

Prator, C. (1967) Hierarchy of Difficulty. Unpublished classroom lecture, University of California.

Richards J. G. (1971) A non-contrastive approach to error analysis. *English Language Teaching Journal*, 25: 204-219.

Searle, J. R. (1983) *Intentionality*. Cambridge: Cambridge University Press.

Sweetser, Eve (1990) *From Etymology to Pragmatics*. Cambridge: Cambridge University Press.

Tiee, Henry Hung-Yeh (铁鸿业) (1986) *A Reference Grammar of Chinese Sentences*（*With Exercises*）(中文句法). The University of Arizona Press.

Tsang, Chui Lim (1981) A Semantic Study of Modal Auxiliary Verbs in Chinese. PhD dissertation. University of Miami.

Vendler, Zeno (1967) Verbs and times. *Linguistics in Philosophy*. Ithaca, New York: Cornell University Press.

Von Wright, G. H. (1951) *An Essay in Modal Logic*. Amsterdam: North-Holland.

后　记

　　本书是国家社科基金重大项目"对外汉语教学语法大纲研制和教学参考语法书系（多卷本）"（17ZDA307）"教学参考语法书系"中的一本。本书以情态语义系统为参照，讨论了对外汉语教学中最典型的两个情态动词"能"与"会"的句法、语义和语用特征，从对比分析等角度探讨了"能"和"会"的习得偏误和习得顺序，并在此基础上编写了针对"能"和"会"的分层教学、课堂讲解、教学设计、教学方法等内容。

　　"能"和"会"是现代汉语中的两个典型的情态动词，它们在句法、语义和语用上的表现都非常复杂，因而成为本体研究和教学、习得研究中的难点。本书原想借鉴近年来现代汉语情态研究中新出现的一些成果，进一步深化"能"与"会"的本体研究和教学、习得研究，但是，现在看来，这一目标的实现，还需要进一步的努力。

　　本书成书的过程，得到了很多师友的指导和帮助，没有他们的支持，这本小书也无法顺利地呈现在读者的面前。

　　项目首席专家齐沪扬教授对本书研究、写作的指导和督促，整个项目团队群策群力的推进，是笔者首先要衷心感谢的。正是在这样的学术氛围下，本书才得以如期完成。

　　感谢肖奚强教授，他是本重大项目另一子项目的负责人，更是对外汉语教学与研究领域的专家，感谢肖教授给我们提供的帮助和建议。

　　感谢胡建峰教授及其他学者给我们提供的很多帮助以及宝贵的意见和建议。

　　感谢浙江工商大学国际教育学院，浙江大学文学院、汉语言研究所、汉语史研究中心、语言与认知研究中心、中国语文研究中心的领导和同事的关心和帮助。

　　北京语言大学出版社和本书的责任编辑王巧燕老师为本书的出版付出了辛劳，在此表示衷心的感谢。

　　特别想感谢多年来家人的支持、陪伴和鼓励。没有他们的理解和付出，就没有我们今天的些许成绩。